Asthme

Faits importants
Histoires inspirantes

SÉRIE
VIVRE EN SANTÉ

Norman H. Edelman, M.D.
Médecin-chef
The American Lung Association

Asthme

Faits importants
Histoires inspirantes

Traduit par Renée Thivierge

BÉLIVEAU
éditeur
Montréal, Canada

L'édition originale de cet ouvrage a été publiée sous le titre
CHICKEN SOUP FOR THE SOUL
HEALTHY LIVING SERIES: *ASTHMA*

Health Communications, Inc., Deerfield Beach, Floride (É.-U.)
ISBN 0-7573-0501-6

Réalisation de la couverture: Alexandre Béliveau

Dépôt légal: 1er trimestre 2007
Bibliothèque et Archives nationales du Québec
Bibliothèque nationale du Canada

ISBN 978-2-89092-377-5

BÉLIVEAU éditeur
5090, rue de Bellechasse
Montréal (Québec) Canada H1T 2A2
514-253-0403 Télécopieur: 514-256-5078

www.beliveauediteur.com
admin@beliveauediteur.com

Nous reconnaissons l'aide financière du gouvernement du Canada par l'entremise du Programme d'aide au développement de l'industrie de l'édition pour nos activités d'édition.

IMPRIMÉ AU CANADA

« C'est quelque chose avec lequel
vous vivrez pendant toute votre vie.
L'asthme fait partie de ce que je suis,
et je ne peux le maîtriser
si je ne sais pas bien ce que c'est. »

— CATHI B.

Craignez moins, espérez plus,
mangez moins, mastiquez plus,
gémissez moins, respirez plus,
parlez moins, dites plus,
aimez plus,
et toutes les bonnes choses
seront vôtres.

— Proverbe suédois

Table des matières

Respirez plus facilement même si vous souffrez d'asthme

De nos jours, il semble que l'asthme se retrouve partout. De fait, on estime que 20 millions de personnes — 6,1 millions d'entre elles sont des enfants — souffrent actuellement d'asthme. Si vous lisez ce livre, c'est que vous connaissez quelqu'un qui est atteint de cette maladie chronique. C'est peut-être vous, un membre de votre famille, un jeune enfant, un collègue ou un voisin.

L'asthme n'est pas toujours évident; vous ne pouvez savoir qu'une personne souffre d'asthme simplement en la regardant — à moins qu'elle ait de la difficulté à respirer. Même si vous ne pouvez pas toujours voir l'asthme, vous pouvez observer et évaluer ses effets dévastateurs. L'asthme est la principale maladie chronique grave chez les enfants. C'est la cause première des absences scolaires attribuées aux maladies chroniques, et on peut lui imputer un total de 14 millions de jours d'école perdus chaque année.

Dans chaque communauté, des enfants et des adultes souffrent d'asthme, mais dans les quartiers défavorisés de nos grandes villes, l'asthme est particulièrement répandu. De plus, même si on prescrit un plus grand nombre de médicaments pour traiter l'asthme, de nombreuses personnes ne prennent pas leur médication comme il est requis de le faire. Il en résulte une augmentation du nombre de crises d'asthme qui conduisent les gens au service des urgences de l'hôpital.

Mais la bonne nouvelle est que, dans la plupart des cas, il est *possible* de maîtriser l'asthme. Toute personne souffrant d'asthme peut et devrait espérer mener une vie normale. Beaucoup trop de gens atteints de cette maladie se résignent à limiter leur vie. Des enfants acceptent le fait qu'ils ne peuvent participer aux cours d'éducation physique. Des adolescents acceptent le fait qu'ils ne peuvent faire du sport. Des adultes acceptent de devoir se lever deux fois par nuit, presque chaque nuit, en suffoquant.

Je veux atteindre les gens pour leur faire comprendre qu'ils devraient se sentir mieux et qu'ils peuvent se sentir mieux. Ce n'est pas correct d'accepter des limites dans votre vie à cause de l'asthme. Si cette maladie vous gêne, parlez-en à votre médecin. Peut-être changera-t-il votre médication. Peut-être vous faudra-t-il vous servir d'un inhalateur pour traiter l'asthme avant de faire de l'exercice. Peut-être effectuerez-vous des changements à la maison pour vous débarrasser des facteurs environnementaux déclenchant l'asthme.

Un jour, bientôt peut-être, non seulement pourrons-nous contrôler l'asthme, mais il nous sera aussi possible de le guérir. Actuellement, nombreuses sont les raisons d'espérer de guérir l'asthme. Ces dernières années, nous avons tellement appris sur cette maladie, particulièrement sur l'inflammation des voies respiratoires qui conduit à l'asthme. De nombreux motifs nous permettent d'espérer que nous pourrons finalement trouver la clé pour arrêter ce processus inflammatoire et guérir cette maladie.

Mais en attendant, il y a beaucoup de choses que vous et votre médecin pouvez faire pour contrôler cette maladie, afin de mener une vie saine et normale. Dans les pages qui suivent, vous apprendrez plusieurs façons de maîtriser votre asthme, entre autres, de vous débarrasser des déclencheurs d'asthme dans votre maison, de dresser un plan qui vous indiquera les mesures à prendre à l'approche d'une crise d'asthme, de vous occuper de l'asthme de votre enfant à la maison et à l'école, de faire de l'exercice tout en étant atteint d'asthme, de voyager même en étant asthmatique, en plus de sections sur cette maladie durant les années d'adolescence, durant la grossesse et durant votre vie adulte.

Je souhaite qu'après la lecture de ce livre, vous ayez appris des trucs qui vous aideront à mieux respirer, vous ou tout être cher qui souffrez d'asthme. Le message le plus important que je puisse vous donner sur l'asthme est le suivant: vous êtes capable de le maîtriser — ne le laissez pas vous contrôler!

— NORMAN H. EDELMAN, M.D.
Médecin-chef
American Lung Association

NE LAISSEZ PAS L'ASTHME VOUS CONTRÔLER!

L'asthme. Pour de nombreuses personnes, ce mot revêt différentes significations. Pour certains, l'asthme signifie une respiration sifflante au printemps, durant la saison des allergies. Pour d'autres, c'est une lutte quotidienne pour respirer normalement. L'asthme affecte les gens différemment — certains sont atteints d'asthme léger, pour d'autres, l'asthme est plus grave.

Mais il est important pour toutes les personnes atteintes d'asthme et pour leur famille de savoir qu'il est possible de le contrôler — ne le laissez pas vous contrôler! Si vous ne respirez pas normalement, ne tolérez pas cette situation — ce n'est pas acceptable. Ce livre vous indiquera les mesures que vous pouvez prendre pour recommencer à respirer normalement dans la majorité des situations, tout au long de votre vie.

Oui, il est possible de maîtriser la plupart des cas d'asthme. Mais malheureusement, de nombreuses personnes atteintes de cette condition continuent de se battre pour respirer. Peut-être ont-elles ignoré leur asthme dans l'espoir qu'il finirait simplement par disparaître. Ou peut-être qu'elles ne prennent pas le bon médicament. Ou qu'elles ne prennent pas leurs médicaments aussi régulièrement qu'il le faudrait. Peut-être leur a-t-on dit — à tort — que chez la plupart des gens l'asthme disparaît avec le temps.

Il y a de nombreuses raisons pour lesquelles les gens asthmatiques ne respirent pas normalement et ne vivent pas leur vie à son maximum. Vous n'avez pas à être l'une de ces personnes. Vous pouvez — et vous devez — vivre une vie normale et saine malgré votre asthme.

De fait, plusieurs médaillés olympiques souffrent d'asthme, incluant des vedettes en athlétisme comme Jackie Joyner-Kersee et le nageur Tom Dolan. Ils ont prouvé que l'asthme ne doit pas nécessairement vous ralentir.

PERSONNES CÉLÈBRES ASTHMATIQUES

- *Loni Anderson, actrice*
- *Jason Alexander, acteur dans « Seinfeld »*
- *Ludwig von Beethoven, compositeur*
- *Leonard Bernstein, chef d'orchestre, compositeur*
- *Calvin Coolidge, trentième président des États-Unis*
- *Tom Dolan, médaillé olympique en natation*
- *Morgan Fairchild, actrice*
- *Bob Hope, comédien*

- *Jim « Catfish » Hunter, joueur de baseball (Temple de la renommée)*
- *John F. Kennedy, trente-cinquième président des États-Unis*
- *Jackie Joyner-Kersee, médaillée olympique en athlétisme*
- *Liza Minnelli, actrice, chanteuse*
- *Walter Mondale, quarante-deuxième vice-président des États-Unis*
- *Dennis Rodman, joueur de basket-ball*
- *Theodore Roosevelt, vingt-sixième président des États-Unis*
- *Elizabeth Taylor, actrice*
- *Martin Van Buren, huitième président des États-Unis*
- *Dominique Wilkins, joueur de basket-ball*
- *Woodrow Wilson, vingt-huitième président des États-Unis*

Le plus petit cadeau

Ma première crise d'asthme m'avait procuré un avantage surprenant, mais c'était entièrement dû à la coïncidence : j'avais cinq ans, c'était la veille de Noël, et je voulais voir le père Noël lorsqu'il arriverait dans ma maison avec les cadeaux.

Chaque veille de Noël, même l'excitation des Fêtes n'avait pu me donner la moindre chance de me garder éveillée et suffisamment vigilante pour voir le gros bonhomme joyeux habillé de rouge. Cette année, j'aurais donné n'importe quoi pour que le sommeil soulage l'extrême fatigue que je ressentais due au fait de ne pouvoir suffisamment remplir mes poumons d'air. Pourtant, je m'accrochais au faible espoir que le bruit de ma respiration sifflante ne serait pas trop fort pour éclipser le son des grelots du traîneau et des sabots de huit rennes sur le toit de notre maison.

Ma première crise d'asthme a été déclenchée parce que j'étais assise trop près de la crèche, dans notre église, à la messe de la veille de Noël. Pour rendre la scène un peu plus authentique cette année-là, on avait transporté à l'intérieur de l'église des bottes de foin véritable et on y avait installé des ânes et des moutons en plastique. Mes parents avaient cru que ce serait pour moi un petit plaisir inoffensif que de m'asseoir près de la crèche afin que je puisse mieux voir. J'avais toujours aimé les animaux, mais j'avais récemment développé des allergies plutôt graves à la plupart d'entre eux, y compris les chats et les chiens. Mes parents n'avaient pas pensé que le foin lui-même allait déclencher une allergie — ils avaient logiquement supposé que, si les animaux étaient en plastique, j'étais en sécurité. Ils avaient tort.

Au milieu du repas de la veille de Noël, mon nez a commencé à couler, mes yeux sont devenus rouges, larmoyants et se sont mis à piquer. J'ai commencé à tousser. Plusieurs heures plus tard, je vivais l'horreur d'une crise d'asthme généralisée, et c'était la chose la plus effrayante qui m'était jamais arrivée. Chaque respiration était pénible, et il semblait que plus je luttais pour aspirer de l'air, plus j'avais de la difficulté à respirer, et plus je devenais fatiguée. C'était comme s'il y avait un poids lourd en acier sur ma poitrine, comprimant tout l'air hors de mes poumons et m'enlevant toutes mes forces.

Le matin de Noël, un peu passé minuit, après un bain de vapeur, du thé chaud et après que les médicaments contre les allergies eurent diminué mes symptômes sans réussir toutefois à les guérir, il était évident que ni ma mère ni moi ne réussirions à dormir. Elle a décidé qu'il était temps de nous rendre à l'hôpital. Je suis sortie de la salle de bain pour la voir placer les cadeaux sous l'arbre. La pièce était sombre mais réconfortante, simplement illuminée par les couleurs joyeuses et douces des lumières de l'arbre de Noël. Mes yeux se sont rapidement déplacés vers l'assiette de biscuits, le verre de lait, et les carottes pour les rennes. Parti, tout avait disparu ! Je ne pouvais comprendre comment j'avais pu le manquer. J'avais écouté avec tellement d'attention. Puis, en même temps que j'observais les mouvements rapides de ma mère, avec la logique et la clarté de la jeunesse qui mène inévitablement à la première éclosion de scepticisme, cette idée m'est venue à l'esprit. Peut-être que le père Noël n'était pas venu du tout. Je savais qu'il était rapide et intelligent, mais comment avait-il pu attendre le moment précis où je m'étais rendue à la salle de bain pour livrer tous ces cadeaux?

Il était temps de régler le problème. « Hé, Maman », ai-je dit d'une voix rauque entre mes respirations sifflantes. « Que fais-tu avec ces cadeaux? N'est-ce pas le travail du père Noël? » ai-je demandé d'un ton accusateur. « Eh bien, a-t-elle dit calmement, il est tellement occupé qu'il a simplement eu besoin de mon aide pour les placer joliment. » J'ai hésité. L'explication avait du sens, et Maman semblait certaine d'elle-même. Pourtant, quelque chose n'allait pas vraiment.

« Tu peux prendre un cadeau pour l'ouvrir maintenant et l'apporter à l'hôpital », a-t-elle dit gentiment. Encore mécontente d'avoir raté le père Noël magique et devenant de plus en plus grincheuse à chaque minute, j'ai pris le plus petit cadeau d'entre tous et j'ai été surprise d'entendre un son musical. J'ai déchiré l'emballage pour y découvrir un clavier miniature, pas beaucoup plus large ni plus long que la paume de ma main. Immédiatement ravie, je l'ai apporté à l'hôpital, essayant de me concentrer à jouer des airs familiers avec ses charmantes et délicates tonalités plutôt que de penser à ma difficulté à respirer et à mon épuisement.

Le petit clavier a perdu ses sons depuis longtemps, mais mon asthme va beaucoup mieux. Aujourd'hui encore, écouter n'importe quel genre de musique me calme au cours d'une crise d'asthme. Et le véritable cadeau de ma mère en ce jour de Noël perdure — elle fait toujours de son mieux pour me protéger des déceptions, grandes et petites, ce qui ne changera jamais, j'en suis certaine.

♥ *Anne Stopper*

QU'EST-CE QUE L'ASTHME?

L'asthme est une maladie qui affecte les voies respiratoires à l'intérieur et à l'extérieur des poumons. Chez une personne atteinte d'asthme, les voies respiratoires sont enflées ou enflammées. Elles sont très sensibles et lorsque vous respirez quelque chose d'irritant, ou auquel vous êtes allergique, les voies respiratoires se rétrécissent et deviennent plus enflammées.

Les muscles entourant les voies respiratoires se resserrent aussi, rétrécissant encore plus les voies respiratoires. Les cellules dans ces voies respiratoires fabriquent plus de mucus qu'à l'ordinaire, ce qui provoque aussi une congestion des voies respiratoires. Le résultat de tous ces changements: moins d'air parvient à vos poumons, ce qui entraîne une respiration sifflante, de la toux, un serrement au niveau de la poitrine et de la difficulté à respirer. C'est ce qu'on appelle une crise ou un épisode d'asthme.

Certaines crises d'asthme sont pires que d'autres. Pendant une crise grave, les voies respiratoires peuvent devenir tellement rétrécies que le corps est privé d'oxygène, et cette situation peut même entraîner la mort.

C'est pourquoi il est si important de prendre l'asthme au sérieux. Si vous souffrez d'asthme, consultez régulièrement votre médecin, évitez ce qui déclenche vos problèmes respiratoires, et prenez vos médicaments tels qu'ils ont été prescrits par votre médecin. Vous serez alors en mesure de vivre une vie normale et active et de vous sentir en pleine forme.

LE DIAGNOSTIC DE L'ASTHME

Un médecin diagnostique l'asthme en se fondant sur plusieurs éléments, incluant vos symptômes, vos antécédents familiaux en ce qui concerne l'asthme, et votre respiration. Au cours de l'examen, votre médecin se servira d'un appareil appelé *spiromètre* pour examiner vos voies respiratoires. Le spiromètre mesure la quantité d'air qui passe à travers les voies respiratoires et la rapidité avec laquelle il vous est possible d'expirer l'air de vos poumons après avoir pris une profonde inspiration. Si vous êtes atteint d'asthme, les résultats seront plus bas que la normale.

Selon les résultats de votre examen physique, de vos antécédents médicaux et des tests respiratoires, votre médecin évaluera la gravité de votre condition. Le type d'asthme dont vous souffrez détermine le type de traitement. Il est important de se rappeler qu'une personne atteinte d'asthme, quel qu'en soit le type — même la forme la plus bénigne — peut toujours avoir des crises d'asthme. Les quatre principales catégories d'asthme sont:

- **Léger intermittent** — Votre asthme n'est pas bien contrôlé, vous éprouvez des symptômes d'asthme deux fois par semaine ou moins, et ces symptômes vous incommodent la nuit deux fois par mois ou moins.
- **Léger persistant** — Votre asthme n'est pas bien contrôlé et vous éprouvez des symptômes

d'asthme plus de deux fois par semaine, mais pas plus d'une fois par jour. Des symptômes vous incommodent la nuit plus de deux fois par mois. Il est possible que des crises d'asthme nuisent à vos activités.

- **Modéré persistant** — Votre asthme n'est pas bien contrôlé, vous éprouvez des symptômes d'asthme chaque jour, et vous êtes incommodé par des symptômes la nuit, plus d'une fois par semaine. Il est possible que des crises d'asthme affectent vos activités.
- **Grave persistant** — Votre asthme n'est pas bien contrôlé, vous éprouvez des symptômes tout au long de la journée à peu près tous les jours et vous êtes souvent incommodé la nuit par des symptômes. Dans le cas d'un asthme grave, il est probable que votre activité physique soit limitée.

La première fois que vous entendez le mot « asthme »

Lorsqu'un médecin vous apprend que vous ou un membre de votre famille souffrez d'asthme, ce diagnostic peut provoquer de fortes émotions. Il est possible que vous refusiez d'y croire. Vous serez peut-être effrayé, anxieux ou déprimé. C'est normal.

Une fois que vous acceptez que vous ou un être cher êtes atteint d'asthme, vous pouvez commencer à prendre des mesures pour contrôler votre respiration. En collaborant avec votre médecin, vous apprendrez comment distinguer et maîtriser les facteurs déclenchant l'asthme, et comment prendre des médicaments antiasthmatiques pour prévenir les crises. Vous dresserez un plan d'action contre l'asthme qui vous indiquera exactement quoi faire si vous sentez que votre respiration commence à changer.

Plus vous apprenez sur votre asthme, plus vous aurez confiance en votre habileté à gérer tout problème respiratoire qui peut survenir. Vous éviterez les visites non nécessaires à l'hôpital et vous pourrez lâcher prise sur tous ces sentiments de détresse.

ALLERGIES ET ASTHME

Alors que vous ou votre enfant pourriez être atteints d'asthme sans allergies, ou d'allergies sans asthme, plusieurs personnes souffrent de ces deux conditions à la fois. L'eczéma (inflammation allergique de la peau) et le rhume des foins sont les allergies les plus communes dont sont atteints les gens qui souffrent d'asthme. Si vous avez le rhume des foins en même temps que vous souffrez d'asthme, vous ne connaissez que trop bien la sensation d'un nez qui coule et des yeux larmoyants combinés avec une respiration sifflante et de la toux qui annoncent une crise d'asthme.

Les moisissures, les acariens de la poussière, les pellicules d'animaux et les blattes sont aussi susceptibles de provoquer des symptômes allergiques dans le nez et dans les yeux en même temps qu'ils sont la cause de symptômes d'asthme dans les voies respiratoires.

Pensez-y…

Mon attitude à l'égard de l'asthme

Voici ce que l'asthme m'empêche de faire: ________

____

____

____

J'aimerais ne pas souffrir d'asthme parce que: ____

____

____

____

Si je n'étais jamais incommodé par l'asthme, je pourrais: ________________________________

____

____

____

Une chose que j'ai apprise à cause de mon asthme est: ________________________________

____

____

L'éléphant en colère

Un éléphant en colère est assis sur ma poitrine. Quand je m'efforce de respirer, l'éléphant ne fait que presser plus fort, obstruant mes voies respiratoires, rendant chaque respiration plus difficile que la précédente.

L'éléphant se nomme l'asthme.

Habituellement, l'éléphant me laisse en paix. Je cours sans m'essouffler pour servir aux tables, à mon travail au restaurant. Je joue au tennis, je fais de la randonnée et je pratique le yoga. Je ris et je me querelle avec mon mari, et je bavarde avec mes amies. La plupart du temps, je ne suis qu'une femme d'âge mûr comme tant d'autres, qui s'inquiète à propos de l'argent, qui aime sa famille et qui se demande ce qu'on peut ressentir en embrassant Brad Pitt.

Sans crier gare, j'attrape un mauvais rhume, qui se transforme en une toux tenace, suivie par un serrement dans ma poitrine et une incapacité de parler sans respirer bruyamment. J'ai l'impression que mes poumons sont remplis de colle.

Tout ce qui compte, c'est d'enlever cet éléphant sur ma poitrine. Je ne m'inquiète pas de mes rides ou de mes comptes de cartes de crédit ou des prises de bec au travail. Chaque respiration pénible est plus précieuse que la précédente. Quand mon asthme devient incontrôlable, cela me rappelle que le méchant éléphant est toujours sur ma poitrine. Depuis que j'ai reçu le diagnostic de l'asthme, il y a de cela vingt ans, j'ai été hospitalisée deux fois, sans compter plusieurs visites au service des urgences et d'innombrables nuits sans sommeil à suffoquer.

Et pourtant, j'ai encore de la difficulté, parfois, à admettre que je souffre d'asthme.

En grandissant, tout le monde m'appelait l'enfant en santé, celle qui dansait dans la vie sans jamais perdre son souffle. C'était différent pour ma mère et pour mon petit frère. Ma mère portait un bracelet d'alerte médicale indiquant qu'elle souffrait d'asthme. Une piqûre d'abeille pouvait déclencher une réaction allergique et une crise d'asthme. Mon petit frère devait boire un médicament amer sous forme de sirop et dormir dans un nuage de vapeur pour garder ses poumons ouverts.

J'étais la fille forte et libre alors que ma mère et mon frère étaient emprisonnés par des poumons délicats et malades. Ils souffraient d'allergies qui pouvaient déclencher des crises d'asthme alors que, moi, je pouvais frotter mon visage dans le pelage d'un chat sans que mes yeux deviennent larmoyants.

Je jouais toute la journée dans un champ de fleurs et dans les hautes herbes sans m'inquiéter du pollen. La poussière me faisait éternuer sans toutefois rendre ma respiration ardue et bruyante. Quand je contractais un rhume, on ne m'emmenait pas d'urgence chez le médecin comme on le faisait pour mon frère.

Alors qu'ils devaient vivre avec leur asthme, ni ma mère ni mon frère ne se plaignaient jamais, ne s'apitoyaient sur leur état ou n'avaient peur d'en mourir. Ils acceptaient simplement tous les deux que cette maladie faisait partie de ce qu'ils étaient, comme avoir les yeux bleus ou un nombril saillant. Je réfléchis souvent à mon enfance et j'admire ma mère et mon frère qui vivaient courageusement avec l'asthme à une période où il existait peu de médicaments spécifiques.

J'étais celle qui se plaignait de l'asthme. Pourquoi ne pouvions-nous avoir un chat? Ou des oreillers en plumes d'oie? Pourquoi ma mère devait-elle passer mon septième anniversaire dans un lit d'hôpital? Pourquoi devions-nous écourter nos vacances au Canada simplement parce que mon frère respirait difficilement et bruyamment?

Au début de la vingtaine, je suis partie de la maison et j'ai laissé l'asthme de ma famille derrière moi. J'ai fumé des cigarettes, travaillé dans des boîtes de nuit enfumées, dormi sur des oreillers de plume dans des chambres poussiéreuses, et j'ai tenu pour acquis mes poumons comme je l'avais toujours fait.

Puis, à l'âge de 29 ans, mon horloge génétique a sonné. J'avais toujours été de floraison tardive. Une partie de moi était heureuse d'avoir évité l'asthme pendant mon enfance, et l'autre moitié refusait de vraiment accepter le diagnostic du médecin.

Je n'aimais pas le dire aux amis de peur qu'ils me voient comme « faible ». J'étais gênée de me servir de mon inhalateur en public. Je prenais les médicaments et les conseils de mon médecin un peu n'importe comment. Je disais aux gens que ça ne me dérangeait pas qu'ils fument dans ma maison. J'attendais jusqu'à ce que cet éléphant arrive sur moi d'un pas lourd avant de chercher de l'aide et je devenais ensuite impatiente quand le médecin ne pouvait « me réparer » immédiatement.

Je voulais prétendre que j'étais encore cette petite fille aux poumons parfaits qui ne faisait qu'observer les autres personnes qui souffraient de l'asthme. Tout ce que je pouvais voir, c'était ce que cette maladie m'enlevait, et non pas ce qu'elle me donnait, soit l'occasion de mieux prendre soin de mon corps.

Plusieurs choses ne viennent qu'avec l'âge, et particulièrement la compréhension que l'immortalité est réservée à ceux qui portent des robes blanches et qui sont dotés d'ailes. En outre, le miroir ne me permet plus de prétendre que je suis encore une petite fille. La respiration est plus importante que l'opinion des autres.

Comme j'approche de mes cinquante ans, mon éléphant en colère et moi en sommes venus finalement à une entente. Je prends mes médicaments, je me repose beaucoup, je ne fume pas, j'évite les polluants de l'air et je fais de l'exercice. Je rends visite au médecin sans ressentir de honte.

L'asthme m'a appris que je dois accepter ma faiblesse pour être vraiment forte.

♥ *Susanne Brent*

LES FACTEURS DÉCLENCHANTS DE L'ASTHME

Une personne qui souffre d'asthme possède son propre ensemble de « déclencheurs » de l'asthme. Ce sont des éléments qui peuvent provoquer une réaction dans vos poumons et conduire à une crise d'asthme. On peut trouver des déclencheurs à l'intérieur ou à l'extérieur de soi. Identifiez ceux qui aggravent votre asthme:

__ Air froid;

__ Fumée de tabac;

__ Exercice;

__ Fumée de bois;

__ Parfum;

__ Peinture;

__ Laque pour les cheveux;

__ Autres odeurs fortes ou vapeurs;

__ Acariens de la poussière;

__ Pollen;

__ Moisissures;

__ Pollution;

__ Pellicules d'animaux (minuscules écailles ou particules qui tombent des poils, des plumes ou de la peau des animaux);

__ Rhume, grippe ou autres maladies respiratoires;

__ Autres (inscrivez ici)______________________

Il n'est pas toujours facile d'identifier quels sont vos facteurs déclenchants. Si vous les connaissez, vous pourriez éviter des crises d'asthme en ne vous y exposant pas.

Si vous ne connaissez pas vos facteurs déclenchants, essayez d'en choisir un ou deux dans la liste qui précède et limitez-y votre exposition. Voyez si votre asthme s'améliore. Cette méthode pourrait vous indiquer qu'il s'agit de déclencheurs de votre asthme.

DANS VOTRE MAISON

Certaines personnes atteintes d'asthme remarquent que leurs symptômes empirent la nuit. Si vous êtes l'une de ces personnes, essayez de dormir dans une pièce climatisée, car lorsque vous laissez les fenêtres et les portes fermées, le pollen et les spores de moisissures demeurent à l'extérieur. L'air climatisé diminue aussi l'humidité à l'intérieur, ce qui aide à contrôler les moisissures et les acariens de la poussière.

Les conseils suivants vous aideront peut-être à contrôler les facteurs déclenchants les plus courants :

Fumée de tabac. Ne permettez pas aux gens de fumer dans votre maison. Demandez aux membres de la famille et aux invités de fumer à l'extérieur. Mieux encore, suggérez qu'ils cessent de fumer !

Blattes. Des particules des insectes et leurs chiures finissent par se retrouver dans la poussière de la maison et, de là, dans l'air que vous respirez. Pour se débarrasser des blattes :

- Entreposez la nourriture dans des contenants étanches, débarrassez-vous des miettes, lavez les assiettes et rangez tous les autres aliments.
- Réparez les fuites et essuyez l'eau stagnante.
- Si vous choisissez de vous servir d'un pesticide, considérez les appâts — ils sont moins

nuisibles pour vos poumons que les vaporisateurs ou les atomiseurs.

Moisissures à l'intérieur. Les salles de bain, les cuisines et les sous-sols sont des endroits privilégiés pour favoriser les moisissures lorsque l'humidité y est élevée.

- Assurez-vous qu'il y ait une bonne circulation d'air dans ces endroits, et nettoyez-les souvent.
- Envisagez l'achat d'un déshumidificateur pour le sous-sol — videz l'eau et nettoyez souvent le contenant pour prévenir les moisissures.
- Lavez les oreillers de mousse chaque semaine pour vous débarrasser des moisissures qui peuvent se former à cause de la transpiration. Séchez-les bien et changez-les une fois par année.
- Vérifiez que les plantes de la maison n'ont pas développé des moisissures. Peut-être faudra-t-il les garder à l'extérieur.

Fortes odeurs ou émanations. Évitez ou utilisez avec parcimonie:

- Le parfum;
- Les désodorisants d'appartement;
- La poudre de talc;
- La peinture;
- Les nettoyants chimiques.

Acariens de la poussière. On retrouve ces araignées microscopiques dans la poussière de la maison. Une pincée de poussière peut contenir plusieurs milliers d'acariens.

- Placez les matelas dans des housses à l'épreuve de la poussière, imperméables aux allergènes, et couvrez la fermeture éclair de ruban gommé.
- Placez les oreillers dans des housses imperméables aux allergènes et couvrez la fermeture éclair de ruban gommé. Ou lavez l'oreiller chaque semaine.
- Lavez toute votre literie chaque semaine dans une eau très chaude. Il peut être utile d'enlever le couvre-lit la nuit.
- Ne dormez pas ou ne vous étendez pas sur des meubles rembourrés.
- Débarrassez-vous des tapis dans la chambre à coucher.
- Nettoyez la poussière aussi souvent qu'il vous est possible, en vous servant d'une vadrouille ou d'un tissu humide. N'utilisez pas des aérosols ou des nettoyants en spray dans la chambre. Et ne faites pas de nettoyage quand une personne asthmatique se trouve dans la pièce.
- Pour éviter la poussière sur les habillages de fenêtre, utilisez des stores ou des rideaux

fabriqués de plastique ou de tout autre tissu facilement lavable.

- Retirez les meubles rembourrés et les animaux en peluche (à moins qu'il soit possible de laver les peluches), et tout ce qui se trouve sous le lit.
- Les placards sont une grande source d'acariens. Essayez de placer les vêtements dans un sac en plastique pour vêtements (ne vous servez pas du sac en plastique qui recouvre le nettoyage à sec).
- Procurez-vous un déshumidificateur, car les acariens aiment la moisissure et les taux élevés d'humidité.
- Essayez un aspirateur doté d'un filtre très efficace ou un aspirateur central qui expulse la poussière et autres allergènes hors de la maison.

LES ANIMAUX DE COMPAGNIE ET L'ASTHME

Il peut être accablant de découvrir que l'asthme d'un membre de la famille est déclenché par un animal de compagnie bien-aimé. Les chiens et les chats peuvent provoquer des problèmes d'asthme, mais c'est aussi le cas avec d'autres animaux, comme les oiseaux, les cochons d'Inde ou les hamsters. Les médecins recommandent que l'animal de compagnie en question soit retiré de la maison lorsqu'il déclenche l'asthme, mais ce n'est pas une décision facile à prendre. Que devriez-vous faire?

Si vous décidez de vous débarrasser de l'animal, il est important de savoir que ses allergènes demeurent dans la poussière de la maison et peuvent continuer à déclencher des symptômes d'asthme même après le départ de l'animal. Nettoyez la maison avec soin — spécialement les tapis et les meubles rembourrés. Si vous cherchez à vous procurer un nouvel animal de compagnie, essayez les poissons tropicaux.

Il est aussi nécessaire d'expliquer aux enfants qu'on a dû retirer l'animal pour des raisons de santé importantes. Les enfants de la maisonnée qui ne sont pas atteints d'asthme peuvent éprouver du ressentiment pour avoir perdu leur animal et blâmer la personne qui souffre d'asthme. Si vous expliquez que l'animal de compagnie risque de provoquer de graves problèmes respiratoires chez une personne asthmatique, cela aidera l'enfant à comprendre pourquoi la famille a dû prendre cette difficile décision.

Si vous décidez de garder l'animal, il vous est possible de prendre certaines mesures pour aider à réduire la quantité d'allergènes répandus dans la maison. Mais peu importe ce que vous faites, les allergènes de l'animal se retrouveront toujours dans l'air et seront transportés par les vêtements des gens qui circulent dans votre maison; vous exposerez donc encore la personne asthmatique aux allergènes.

Les moyens de diminuer les allergènes d'animaux dans la maison incluent:

- *De tenir les animaux de compagnie hors de la chambre à coucher de la personne souffrant d'asthme et de laisser la porte fermée.*
- *De garder les animaux de compagnie loin des tapis, des meubles recouverts de tissu et des jouets rembourrés.*
- *De passer l'aspirateur sur les carpettes, les tapis et les meubles deux fois ou plus par semaine.*

PENSEZ-Y...

ÉVITER LES FACTEURS DÉCLENCHANTS DE L'ASTHME

Un grand changement que je peux effectuer est de:

____

____

Un changement facile que je peux effectuer est de:

____

____

Quand je nettoie, je vais: ______________________

____

____

Je me débarrasserai de: ________________________

____

____

Je demanderai aux membres de la famille de: ____

____

____

L'INDICE DE LA QUALITÉ DE L'AIR

Ces journées brumeuses de l'été peuvent être pénibles pour les poumons des personnes asthmatiques. L'ozone, le principal élément de la pollution de l'air par le smog, est très nocif à respirer. Heureusement, vous pouvez connaître au début de chaque journée le niveau de nocivité de l'air, et planifier en conséquence, à l'aide d'un outil très utile — l'Indice de la qualité de l'air, ou IQA. C'est le système que les programmes locaux de contrôle de la pollution de l'air et le gouvernement utilisent pour avertir le public des niveaux de pollution de l'air.

Dans la plupart des villes et des banlieues, on mesure les niveaux de pollution sur une base quotidienne et ils s'échelonnent sur une échelle allant de 0 pour l'air le plus pur jusqu'à 500 pour des taux de pollution de l'air qui comportent un danger immédiat pour le public. L'IQA divise les niveaux de pollution de l'air en cinq catégories, chacune d'elles comportant un nom, une couleur et une recommandation.

Comment pouvez-vous trouver de l'information sur la qualité de l'air?

Les prévisions sur la qualité de l'air peuvent être incluses dans les prévisions météorologiques régionales à la télévision et à la radio, ou imprimées dans les journaux. Les niveaux de l'IQA sont aussi offerts en ligne par les agences locales et par Environnement Canada [www.msc-smc.ec.gc.ca/aq_smog/index_f.cfm]

Respirer jusqu'à la mort

C'était stupide. Mais à l'époque, ça me semblait tout à fait raisonnable. Je m'étais convaincue que j'allais moi-même me guérir de l'asthme.

J'avais l'habitude de demander à mon médecin de me guérir. Mais il riait toujours de moi. Comme je suis le genre de personne qui fait rire les gens, quand je lui ai fait cette demande, il a cru que je plaisantais.

Je ne plaisantais pas. Lorsque j'ai dit au médecin que j'allais un jour jeter tous les médicaments et laisser l'asthme guérir de lui-même, je ne plaisantais pas non plus. Je voulais me débarrasser de cette maladie comme d'un vieux manteau. J'étais fatiguée de le rapiécer. Les pièces étaient laides et le manteau ne me gardait plus au chaud.

Ayant souffert d'asthme depuis l'enfance et ayant accumulé les cures miracles, je suppose que j'ai simplement fait une surdose de dépendance aux pilules, inhalateurs et stéroïdes. J'étais fatiguée d'entendre parler de toutes ces personnes qui souffraient d'« asthme saisonnier » et qui étaient soulagées en prenant cette nouvelle pilule qui rendait le printemps poétique. J'étais malade d'entendre des gens qui souffraient d'« asthme d'effort » obtenir du soulagement en se servant d'un certain nouvel inhalateur avant de nager 1500 kilomètres à vitesse maximale.

J'avais de la difficulté à dormir toute une nuit et à traverser le supermarché; les nouveaux médicaments ne me soulageaient pas du tout.

C'étaient, après tout, les années quatre-vingt-dix! Les gens joggaient jusqu'au centre commercial et entraient dans le vingt et unième siècle en pratiquant le cardiokickboxing. J'étais incapable de me rendre d'un bout à l'autre de ma maison sans me servir d'un inhalateur. Et l'inhalateur ne fonctionnait pas toujours, alors le médecin me bourrait de doses de prednisone, un médicament qui me faisait gagner du poids. Et je vivais de ce truc.

À cause de mon asthme, nous avons déménagé de New York jusqu'en Arizona où, à cette époque, on prétendait que l'air était plus pur et plus sec. En Arizona, j'aurais de meilleures chances d'être en bonne santé. Nous sommes descendus de l'avion comme cinq cent mille autres personnes dans le passé, et ces personnes possédaient toutes des voitures qui contribuaient à polluer l'air du désert, et elles vivaient dans des maisons dotées de piscines, lesquelles ajoutaient chacune au taux global d'humidité. Et ces gens ont parlé de cet endroit à deux de leurs amis. Et ainsi de suite. Et ainsi de suite. L'Arizona n'était pas la solution.

Je souffrais déjà d'une légère dépression à force de vivre une vie où il me fallait penser à ce que je pouvais ou ne pouvais pas faire. Avec les meilleures intentions du monde, les gens me demandaient toujours pourquoi je ne prenais pas la même pilule qu'un tel, qui lui procurait du soulagement. Si Monsieur Untel pouvait gagner une médaille d'or aux Jeux olympiques, je n'avais certainement pas d'excuses pour restreindre mes activités.

J'ai donc jeté mes médicaments. J'ai jeté les inhalateurs et les pilules. J'ai jeté l'appareil respiratoire et le gadget qui m'aidait à mesurer l'efficacité de ma respiration. J'ai jeté le numéro de téléphone du docteur. J'ai tout jeté.

Essayer de me guérir par moi-même a été l'erreur fatale qui m'a presque tuée. Mon corps a complètement cessé de fonctionner. Je ne respirais plus. J'étais pelotonnée sur le plancher pendant que mon mari hurlait au téléphone pour que le 911 envoie de l'aide et que mes fils, le regard fixé sur moi, pleuraient: « Ne laissez pas mourir Maman! »

Puis l'ambulance est arrivée et on m'a transportée à l'hôpital. On m'a branchée à des machines. Les médecins m'ont gavée de ceci et de cela. Je ne me souviens d'à peu près rien. Après trois jours aux soins intensifs, mon médecin se grattait la tête en disant: « Vous étiez sérieuse? »

La vérité, c'est que je faisais une grave dépression et que personne ne s'en était aperçu.

J'avais présenté depuis si longtemps cette fausse façade médicamentée qu'il avait été impossible de reconnaître la dépression. J'ai passé toute ma vie assise loin de tous ceux qui s'assoyaient sur la pelouse parce que la pelouse me faisait respirer difficilement. J'ai passé ma vie à ne pas avoir d'amis qui possédaient des animaux de compagnie parce que j'étais incapable de leur rendre visite. J'ai passé ma vie à éviter des aliments, des activités et des endroits. Nous avons épargné pendant des années et nous sommes allés à Hawaï. Tout le monde a fait de la plongée en apnée. J'étais celle qui tenait les serviettes. Je me suis inquiétée pendant deux grossesses parce que je prenais des médicaments qui me gardaient en vie malgré les dommages potentiels aux fœtus. Quand elles étaient enceintes, mes amies craignaient de prendre une aspirine pour soulager un mal de tête; pour ma part, je me suis nourrie d'énormes quantités de médicaments pendant les deux grossesses, m'inquiétant constamment des effets secondaires qu'ils pourraient provoquer. Deux enfants en santé plus tard, mon asthme a continué de s'aggraver.

À une certaine époque, je pouvais prédire l'arrivée d'une crise. Maintenant elles arrivaient sans s'annoncer. Et je prenais une tonne de médicaments qui m'aidaient un peu, mais pas suffisamment pour me permettre une existence normale.

Mon médecin est devenu plus sage après m'avoir vue aux soins intensifs. S'il m'avait recommandée à un thérapeute, je ne crois pas que j'aurais réussi à maîtriser mon asthme et, ultimement, à reprendre le contrôle de ma vie. Jusqu'à ce moment-là, je ne pense pas qu'il avait suffisamment compris le niveau de dépression dont je souffrais à cause de mon asthme. Je crois que je lui ai fait peur. Et plus important, je me suis fait peur à moi-même.

Quelques semaines après la nuit au service des urgences, mon médecin m'a téléphoné. Il m'a annoncé qu'on venait de mettre un nouveau médicament sur le marché. Cette fois, c'était à mon tour d'avoir de la chance. Le médicament a fonctionné.

Je ne suis pas un médecin, mais je suis une experte dans le domaine de mon propre asthme. Et en tant qu'experte, cela m'effraie de penser que la mort peut être à seulement une respiration manquée, mais cela me rend plus puissante de savoir que j'ai pris le contrôle de ma vie et de ma plus grande peur.

♥ *Felice Prager*

PRENEZ EN MAIN VOS SOINS DE SANTÉ

Alors qu'il vous revient de déterminer les façons de vous occuper de votre asthme et de le traiter, une bonne relation avec votre médecin vous permettra de faire les meilleurs choix. Votre médecin peut vous renseigner sur la manière de traiter vos symptômes et sur la façon de travailler avec vous pour vous aider à respirer plus facilement.

Dressez une liste de vos questions avant de vous rendre chez le médecin et sentez-vous libre de vous référer à cette liste pendant votre visite. Si votre médecin vous dit quelque chose que vous ne comprenez pas, demandez-lui de répéter. Si les visites médicales ont tendance à vous accabler, emmenez un ami ou un parent qui peut prendre des notes, offrir du soutien et aider à poser des questions.

Parlez à votre médecin à propos de:

Toutes les herbes ou suppléments diététiques que vous prenez. Le simple fait d'avoir la possibilité de les acheter en vente libre ne signifie pas qu'ils soient inoffensifs.

Vos symptômes. Décrivez vos symptômes: quand ils ont commencé, comment vous vous sentez quand ils surviennent, ce qui les provoque et ce que vous faites pour les soulager.

Vos habitudes quotidiennes. Ne soyez pas embarrassé — soyez honnête à propos de votre alimentation, de vos activités physiques, de vos habitudes de fumer, de prendre de l'alcool ou des drogues. Votre médecin ne peut vous donner les meilleurs soins si vous retenez de l'information.

Demandez:

- **Les résultats de tests** — de quelle façon pouvez-vous les connaître, et le temps qu'il faudra pour les obtenir.
- **Les effets secondaires** de tous les médicaments qui vous sont prescrits. Existe-t-il d'autres solutions? Quel en sera le coût? la durée du soulagement? Et vérifiez si ces médicaments seront couverts par l'assurance.
- **Comment prendre les médicaments:** que devez-vous faire si vous manquez une dose? Y a-t-il des aliments, des médicaments ou des activités que vous devriez éviter quand vous prenez le médicament? Une marque générique est-elle offerte à moindre coût? — Vous pouvez aussi poser ces questions à votre pharmacien.

OBTENIR UNE SECONDE OPINION

Peut-être qu'à certains moments, vous ne vous sentirez pas à l'aise avec un médecin en particulier. N'écartez pas ces impressions. Si vous vous sentez mal à l'aise de parler avec cette personne, vous pourriez vouloir considérer de changer de médecin.

Ou peut-être n'êtes-vous pas d'accord avec les recommandations de votre médecin. Dans ce cas, vous devriez songer à obtenir une seconde opinion. Un autre médecin peut voir les choses différemment ou suggérer de nouvelles options pour un traitement et vous donner de nouvelles informations.

Voici quelques conseils sur la façon d'obtenir une seconde opinion :

- Demandez à votre médecin de vous recommander quelqu'un d'autre — un autre médecin généraliste ou un spécialiste — pour une autre opinion. Ne vous inquiétez pas de heurter ses sentiments. Si vous préférez, vous pouvez téléphoner à un hôpital universitaire ou à une société médicale dans votre secteur pour obtenir des noms de médecins.
- Demandez s'il vous faut une demande de consultation de la part de votre médecin généraliste.
- Assurez-vous que votre médecin fasse parvenir vos dossiers médicaux au médecin que vous consultez pour une seconde opinion, de façon à ce que vous n'ayez pas à repasser des tests médicaux. Le bureau de votre médecin généraliste peut facturer des frais pour ce service.

- Comme pour rencontrer votre médecin généraliste, arrivez préparé pour rencontrer le nouveau médecin, avec une liste de questions et de préoccupations.
- Demandez à ce médecin d'envoyer un rapport écrit à votre médecin de famille, et obtenez un exemplaire pour vos propres dossiers.

« Je dis aux patients:
"Si vous aviez confié votre voiture
à un mécanicien, et qu'après l'avoir reprise,
elle faisait un bruit sourd juste à la sortie
du parc de stationnement, vous retourneriez
le voir et demanderiez de la réparer
de nouveau. C'est ce que vous devez faire
dans le cas de votre asthme." »

— LEROY GRAHAM, M.D.,
pneumologue pédiatrique

Maîtriser l'asthme

C'était ma première année dans un camp d'été, et j'étais excitée et effrayée, mais plus que tout j'étais seule. J'avais pris un avion vers le Wisconsin, à des centaines de kilomètres de notre maison, pour passer trois longues semaines loin de mes parents.

Quelques jours plus tard, j'étais tombée amoureuse avec le camp. J'aimais toutes les différentes activités, de la natation dans le lac jusqu'au repas avec mes compagnes de chalet dans la grande cantine.

Un jour, j'étais très en retard pour le souper et j'avais peur d'avoir des problèmes avec mes monitrices. Je les aimais toutes et je voulais désespérément être une campeuse extraordinaire. Je me suis précipitée hors de mon chalet en claquant la porte moustiquaire et j'ai commencé à courir à travers le camp. Pendant que je courais, j'ai senti un serrement de plus en plus fort dans ma poitrine, mais j'étais trop pressée pour m'arrêter et m'en inquiéter. En arrivant devant la cantine, j'ai remarqué qu'un son grinçant provenait de ma poitrine et que j'avais beaucoup de difficulté à respirer. Après être entrée et m'être assise, j'ai continué d'ignorer mes problèmes respiratoires, mais ma respiration devenait de plus en plus difficile.

J'ai rassemblé mon courage et je suis allée voir la plus jeune de mes monitrices, Laura. Je me suis assise sur le banc près d'elle et j'ai dit: « Laura, je ne suis pas capable de respirer. » Elle a paru vraiment surprise et je pourrais même dire qu'elle semblait ne pas me croire. Elle m'a recommandé de placer ma tête sur ses genoux et de me concentrer sur ma respiration. Mais celle-ci empirait et je commençais à paniquer.

Finalement, Laura m'a aidée à me relever et nous avons traversé le camp vers l'infirmerie. Pendant que nous marchions, je me rappelle vaguement que Laura me disait de continuer à respirer, mais j'étais tellement terrifiée que la marche s'est déroulée comme dans un brouillard. Quand nous sommes arrivées à l'infirmerie, le médecin a installé un masque sur mon visage et m'a demandé de respirer profondément. Enfin je pouvais respirer! Une fois le traitement terminé, le médecin s'est assis près de moi et a dit: « Emily, je crois que tu fais de l'asthme, je vais te commander un inhalateur et il sera ici demain. » J'étais certaine qu'il plaisantait. Moi, faire de l'asthme? Pas question! Mais il m'a affirmé que c'était bien vrai.

Le jour suivant, lorsque j'ai fini par prendre conscience de mon sort, j'étais terrifiée. Je me trouvais là, à des centaines de kilomètres de la maison, et la chose la plus effrayante qui m'était jamais arrivée se présentait à moi sans la présence de mes parents. Mes monitrices ont essayé de me remonter le moral, mais j'étais misérable et malade aussi. Cet été-là, j'ai passé plus de temps à l'infirmerie qu'à l'extérieur.

Puis, je suis revenue à la maison et des tests respiratoires ont confirmé mon asthme. Il est maintenant bien contrôlé à l'aide de stéroïdes, et j'ai le soutien nécessaire de mes parents et de mes amis. Je suis si fière de moi, parce que je sais maintenant maîtriser l'asthme.

♥ *Emily Bamberger*

Traitez votre asthme

Le type de médicaments contre l'asthme que vous prenez dépend du degré de gravité de votre asthme en plus d'autres facteurs. Grâce à ces médicaments, les voies respiratoires demeurent ouvertes. On vend les médicaments contre l'asthme sous de nombreuses marques de commerce et sous diverses formes, incluant les vaporisateurs, les pilules, les poudres, les liquides et les injections. Aucun médicament n'est meilleur pour tous les types d'asthme ni pour toutes les personnes. Vous et votre médecin devez collaborer pour découvrir les meilleurs médicaments et les doses qui vous conviennent.

Quand votre asthme est convenablement traité, il devrait être bien maîtrisé, et vous ne devriez pas ressentir de symptômes d'asthme. Si vous prenez des médicaments contre l'asthme et que vous éprouvez encore des problèmes à respirer, ne vous contentez pas de supposer que c'est « normal » pour vous. Ça ne l'est pas! Expliquez à votre médecin la nature de vos symptômes et à quel moment vous les éprouvez. Ensuite, vous pourrez travailler avec lui pour découvrir le bon médicament ou la bonne combinaison de médicaments pour contrôler votre asthme.

Médicaments

Il existe deux types principaux de médicaments contre l'asthme.

Les médicaments de **soulagement rapide** sont pris quand vos symptômes d'asthme empirent et que vous êtes peut-être en train d'avoir une crise d'asthme. Ces médicaments commencent à faire effet en quelques minutes pour prévenir une crise.

Vous vous servez de médicaments de soulagement rapide seulement au besoin. Un type commun de médicaments de soulagement rapide est un **bronchodilatateur inhalé à action rapide**. Les bronchodilatateurs relâchent les muscles contractés autour des voies respiratoires. Rapidement, ils permettent l'ouverture des voies respiratoires et facilitent la respiration. Même si ces médicaments agissent promptement, leur effet ne dure qu'un court laps de temps. Vous devriez prendre des médicaments de soulagement rapide *au début,* lorsque vous commencez à ressentir des symptômes d'asthme, comme la toux, la respiration sifflante, le serrement de poitrine et l'essoufflement. Vous devriez toujours avoir à portée de main un inhalateur d'action rapide, en cas de crise. Votre médecin peut aussi suggérer d'utiliser votre inhalateur d'action rapide avant de faire de l'exercice.

Les médicaments de **prévention** sont pris quotidiennement, habituellement pendant une longue période de temps, pour maîtriser les symptômes incessants et pour prévenir les crises d'asthme. Dans la majorité des cas, quelques semaines sont nécessaires avant que vous ressentiez pleinement les effets de ces médicaments. Si vous souffrez d'asthme chronique, il vous faudra des médicaments de prévention à long terme.

- **Les corticostéroïdes en inhalation** sont les médicaments de prévention à long terme les plus efficaces dans le cas de l'asthme. Ce médicament réduit l'inflammation des voies respiratoires qui augmente la possibilité d'une crise d'asthme. On recommande les stéroïdes inhalés pour l'asthme chronique léger, modéré, ou grave. Votre médecin vous indiquera la manière de vous servir correctement de l'inhalateur. Dans certains cas, les stéroïdes doivent être pris sous forme de comprimés ou sous forme liquide pendant un court laps de temps afin d'arriver à contrôler l'asthme, ou pour une période plus longue afin de contrôler l'asthme de forme grave.
- **Les bêta-agonistes à action prolongée** aident à maîtriser l'asthme modéré et grave et préviennent les symptômes nocturnes. Les bêta-agonistes sont pris en combinaison avec les corticostéroïdes inhalés.
- **Les modificateurs leucotriènes** sont utilisés seuls pour traiter de l'asthme chronique léger, ou en combinaison avec des corticostéroïdes inhalés pour traiter l'asthme chronique modéré ou l'asthme chronique grave.

- **L'acide cromoglycique** et le **nédocromil** sont utilisés pour traiter l'asthme chronique léger.
- **La théophylline** est utilisée seule pour traiter l'asthme chronique léger, ou en combinaison avec les corticostéroïdes inhalés pour traiter l'asthme chronique modéré. Les gens qui prennent de la théophylline devraient faire vérifier leur concentration sanguine pour s'assurer que leur dose est sécuritaire.

De nombreuses personnes souffrant d'asthme ont besoin à la fois d'un bronchodilatateur d'action rapide lorsque leurs symptômes s'aggravent et d'une médication quotidienne de prévention pour traiter l'inflammation sous-jacente des voies respiratoires qui cause l'asthme.

PENSEZ-Y…

MES MÉDICAMENTS CONTRE L'ASTHME

Voici les médicaments contre l'asthme que je prends :

Nom	Dose	Fréquence	Raison

EFFETS SECONDAIRES

Si vous éprouvez l'un des effets secondaires suivants, parlez-en à votre médecin — il peut changer la dose ou essayer un médicament différent.

- *Mal de gorge*
- *Nervosité*
- *Nausée*
- *Battements du cœur rapides*
- *Perte d'appétit*
- *Perturbation du sommeil*

PENSEZ-Y...

MA LISTE DE CONTRÔLE DE SANTÉ

FAITES ÉQUIPE AVEC VOTRE MÉDECIN

Remplissez cette liste de contrôle avant de rendre visite à votre médecin, et assurez-vous de partager vos réponses avec lui.

Depuis ma dernière visite:

Mon asthme a empiré.	___ OUI	___ NON
Il y a eu des changements dans ma maison, mon environnement au travail ou à l'école (comme un nouvel animal de compagnie ou une personne qui fume).	___ OUI	___ NON
À une occasion au moins, mes symptômes étaient pires que d'habitude.	___ OUI	___ NON
Mon asthme m'a forcé à m'absenter du travail ou de l'école, ou a réduit ou changé mes activités.	___ OUI	___ NON

J'ai omis de prendre les doses régulières de mes médicaments. ___ OUI ___ NON

Mes médicaments ont provoqué chez moi des problèmes (tremblements, nervosité, mauvais goût, mal de gorge, toux, dérangement d'estomac). ___ OUI ___ NON

J'ai dû faire une visite au service des urgences, ou j'ai fait un séjour à l'hôpital à cause de l'asthme. ___ OUI ___ NON

Le coût de mon traitement contre l'asthme m'a empêché d'obtenir les médicaments ou les soins nécessaires pour mon asthme. ___ OUI ___ NON

J'ai augmenté la fréquence à laquelle je prends des médicaments de soulagement rapide. ___ OUI ___ NON

Je me suis réveillé plus souvent la nuit à cause de mon asthme. ___ OUI ___ NON

RECEVEZ UN VACCIN CONTRE LA GRIPPE

Si vous souffrez d'asthme, vous devriez recevoir un vaccin contre la grippe. La grippe, ou influenza, peut causer une crise d'asthme et poser un risque majeur pour la santé des gens asthmatiques. Pour certaines personnes, une crise d'asthme provoquée par la grippe est assez grave pour nécessiter un déplacement au service des urgences. Une étude conduite par l'American Lung Association a confirmé que le vaccin contre la grippe ne causera pas de crise d'asthme chez les enfants et les adultes asthmatiques.

Une vie dans les coulisses

Le diagnostic était effrayant. Comment était-il possible d'avoir une si bonne santé un jour et, quelques semaines plus tard, de recevoir la nouvelle que j'étais atteinte d'asthme? L'American Lung Association a déjà dit, et pour moi c'est tellement vrai: « Si vous ne pouvez respirer, rien d'autre ne compte. » Je ne m'étais jamais sentie reconnaissante pour ma respiration jusqu'à maintenant.

Je manquais de dynamisme pour chercher de l'aide médicale. Étant la propriétaire prospère et en santé d'un studio de danse, je croyais que je pouvais contrôler la plupart des choses. Je ne me permettais que deux ou trois journées d'absence de mon travail, peu importe la maladie. Je me sentais irremplaçable. Être dépendante, sans ressource et vulnérable pendant des semaines, puis des mois, était une réalité que je ne pouvais accepter.

Ma vie tournait maintenant autour de mon nébuliseur*, mes nombreuses bouteilles de médicaments, et l'espoir de retrouver ma vie d'avant.

Qui étais-je si je ne pouvais jouer mes rôles de femme d'affaires, d'épouse, de mère, de grand-mère? Quelle était ma raison d'être? Continuellement épuisée, j'avais été forcée d'entrer dans les coulisses de ma vie.

Une visite à un grand centre médical m'a offert mon premier espoir: un médecin qui avait des paroles encourageantes à propos des traitements de l'asthme. Elle a pressé son stéthoscope sur ma poitrine pendant que je m'efforçais d'inspirer, les poumons me brûlant. L'expiration, même sans stéthoscope, produisait un son grinçant, sifflant, qui m'était devenu maintenant très familier. Elle m'a prescrit des médicaments et nous avons fixé une visite de contrôle.

Le temps et les médicaments ont commencé à rétablir ma respiration et à ramener mon énergie. Je souffre toujours d'asthme. Mais cette maladie m'a fait apprécier encore plus les cadeaux que me donne la vie: j'ai été témoin de la naissance de ma petite-fille par un froid matin d'été en Alaska. J'ai célébré mon anniversaire avec mon époux dans une montgolfière, j'ai fait des châteaux de sable avec mes

* Appareil qui pulvérise un médicament liquide (nébulisat) par l'intermédiaire d'un masque que le sujet applique sur le visage.

petits-enfants, j'ai encouragé ma sœur alors qu'elle devenait pilote. J'ai aimé plus profondément que je le croyais possible.

Cette vie dans les coulisses m'a apporté de la reconnaissance, et une conscience des bienfaits et des richesses dans ma vie bien au-delà du monde matériel. Aujourd'hui je vis avec des objectifs, le regard tourné vers l'avenir, prenant des décisions basées sur des critères de « sans regret ». Je ne me demande plus qui je suis dans les coulisses. La réponse repose clairement dans les gens et les choses que j'aime.

♥ *Vicki Armitage*

AYEZ UN PLAN D'ACTION CONTRE L'ASTHME!

Quand vous ou un membre de votre famille souffrez d'asthme, il vous faut noter beaucoup de choses. C'est pourquoi toute personne asthmatique doit se doter d'un plan d'action contre l'asthme. Ce plan est rédigé par votre médecin pour vous aider à gérer votre asthme. Il vous donne des instructions en se basant sur les changements dans vos symptômes et dans vos valeurs de débit de pointe (voir « Utilisez un débitmètre de pointe » à la page suivante).

Un plan d'action contre l'asthme est particulièrement important lorsque se produit une urgence. Gardez-en des copies à portée de la main, et assurez-vous qu'il est à jour. Révisez-le avec votre médecin au moins une fois par année.

Utilisez un débitmètre de pointe

Afin de vous aider à mesurer votre fonction pulmonaire, votre médecin peut vous fournir un appareil manuel appelé *débitmètre de pointe*, pour utilisation à la maison. Pour vous en servir, vous prenez une profonde inspiration et vous soufflez fort dans le tube pour connaître la vitesse à laquelle vous expirez. Vous obtenez ainsi la valeur de votre débit de pointe. Vous trouverez votre « meilleure performance personnelle » en notant quotidiennement le chiffre de votre débit de pointe pendant quelques semaines jusqu'à ce que votre asthme soit maîtrisé. La valeur la plus élevée durant cette période est votre meilleure performance personnelle de débit de pointe. Vous pouvez comparer les mesures futures de débit de pointe à votre meilleur débit de pointe personnel, et cela vous indiquera si votre asthme est maîtrisé.

Votre médecin vous dira quand et comment vous servir de votre débitmètre de pointe et comment prendre vos médicaments en vous basant sur les résultats. Le débitmètre de pointe peut aider à détecter une crise d'asthme possible, avant même que vous remarquiez un symptôme. Si votre débitmètre de pointe indique que votre respiration empire, vous devriez suivre votre plan d'action.

QUEL EST MON DÉBIT DE POINTE NORMAL ?

Les mesures du débit de pointe sont habituellement divisées en trois zones : verte, jaune et rouge.

Zone verte

Entre quatre-vingts et cent pour cent de votre débit de pointe habituel ou « normal » signifie que tout va bien. Une lecture dans cette zone signifie que votre asthme est raisonnablement bien maîtrisé — continuez simplement à suivre le programme de gestion de l'asthme recommandé par votre médecin.

Zone jaune

Entre cinquante et quatre-vingts pour cent de votre débit de pointe habituel ou « normal » signifie de faire attention. Vos voies respiratoires se rétrécissent et peuvent exiger un traitement supplémentaire. Vos symptômes peuvent s'améliorer ou s'aggraver, dépendant de ce que vous faites, ou dépendant de quelle manière et à quelle fréquence vous prenez les médicaments qui vous sont prescrits. Vous et votre médecin devriez disposer d'un plan d'action pour des lectures dans la zone jaune.

Zone rouge

Moins de cinquante pour cent de votre débit de pointe habituel ou « normal » signifie une alerte médicale. Vos voies respiratoires peuvent être sérieusement rétrécies. Prenez immédiatement vos médicaments de soulagement rapide. Contactez votre médecin maintenant et suivez le plan qu'il vous a remis pour des lectures dans la zone rouge.

Nous vous suggérons d'avoir un plan d'action écrit qu'il est facile de trouver dans votre maison. Pour télécharger le plan d'action pour la prise en charge de l'asthme de l'Association pulmonaire du Québec, visitez le site *www.asthmeaucanada.com/asthma_resources_fr.php*.

PLAN D'ACTION CONTRE L'ASTHME

Travaillez avec votre médecin pour remplir ces informations.

INFORMATIONS GÉNÉRALES

Votre nom ______________________________

Contact en cas d'urgence ____________________

Nº de téléphone __________________________

Médecin ________________________________

Nº de téléphone __________________________

Centre de soins de santé ___________________

Nº de téléphone __________________________

Gravité de l'asthme

__ Léger intermittent
__ Léger chronique
__ Modéré chronique
__ Grave chronique

Facteurs déclenchants

__ Rhume
__ Animaux
__ Poussière
__ Température
__ Exercice
__ Fumée
__ Nourriture
__ Pollution de l'air
__ Autres ______________________________

Activité physique

1. Prémédication (combien et quand) ____________

____

2. Modifications de l'exercice__________________

____

ZONE VERTE
asthme bien maîtrisé

Meilleure performance personnelle de débitmètre de pointe = ______________________________

Symptômes

- Bonne respiration
- Aucune toux ou respiration sifflante
- Capacité de travailler et de jouer
- Sommeil régulier toute la nuit

Médication de contrôle

Médicament	Dose	Fois/jour

Débitmètre de pointe

Plus de 80 pour cent de la meilleure performance personnelle ou ______________________________

____

ZONE JAUNE
détérioration

Contactez le médecin si vous utilisez des médicaments de soulagement rapide plus de deux fois par semaine.

Symptômes

- Certaine difficulté à respirer
- Toux, respiration sifflante ou serrement de poitrine
- Problèmes lors du travail ou du jeu
- Perturbation du sommeil

Débitmètre de pointe

Entre 50 et 80 pour cent de la meilleure performance personnelle ou de ________ à ________ .

Continuez à prendre votre médication de contrôle et ajoutez:

Médicament	Dose	Fois/jour

SI vos symptômes (et le débit de pointe, si vous le mesurez) reviennent à la ZONE VERTE après une heure du traitement à soulagement rapide, ALORS

__ Prenez le médicament de soulagement rapide à toutes les quatre heures pour un jour ou deux.

__ Ajustez votre médication habituelle par ____
____

__ Contactez votre médecin pour faire un suivi de la situation.

SI vos symptômes (et le débit de pointe, si vous le mesurez) NE se stabilisent PAS à la ZONE VERTE après une heure du traitement à action rapide, ALORS

__ Prenez de nouveau un traitement à soulagement rapide.

__ Ajustez vos médicaments de soulagement rapide à ______________________________
____

__ Appelez votre médecin ou votre centre de soins de santé dans un délai de ____ heures de la modification de votre programme de médication ______________________________
____
____
____

ZONE ROUGE
alerte médicale

No de téléphone de l'urgence: ____________

No de téléphone de l'ambulance: ____________

Symptômes

- Beaucoup de difficulté à respirer
- Incapacité de travailler ou de jouer
- L'état s'aggrave au lieu de s'améliorer
- Le médicament n'aide pas

Débitmètre de pointe

Entre 0 et 50 pour cent de la meilleure performance personnelle ou de ________ à ________ .

Continuez à prendre votre médication de contrôle et ajoutez:

Médicament	Dose	Fois/jour

Rendez-vous à l'hôpital ou appelez une ambulance si

__ vous êtes toujours dans la zone rouge après quinze minutes;

__ vous n'avez pu rejoindre votre médecin ou votre centre de soins de santé pour de l'aide;

__ Autre________________________________
____
____
____

Appelez immédiatement une ambulance si les signes de danger suivants sont présents:

__ Difficultés à marcher ou à parler à cause de l'essoufflement;

__ Lèvres ou ongles bleus.

Rêves à la Disney

J'ai reçu le diagnostic de l'asthme à une époque vraiment excitante de ma vie. Je venais tout juste d'être acceptée comme artiste de spectacle dans un important parc thématique aux États-Unis. Il semblait maintenant peu probable que mon rêve se réalise.

Étudiante universitaire en athlétisme, mes problèmes respiratoires soudains sont apparus comme une grande surprise. Le chemin pour les diagnostiquer a été cahoteux. Pendant mes moments les plus difficiles, j'étais même incapable de traverser en marchant mon campus universitaire sans être à bout de souffle. Je ne pouvais comprendre comment une personne apparemment en bonne santé pouvait développer ce type de maladie chronique du jour au lendemain. Comment pourrais-je un jour me produire dans un parc thématique alors que je n'arrivais même pas à traverser à pied le campus? Cela me semblait impossible. Je ne connaissais personne qui souffrait d'asthme et je me sentais très seule. On m'a dirigée vers un excellent médecin qui a été en mesure de m'aider à entreprendre le chemin de ma nouvelle vie.

J'ai découvert non seulement que j'étais atteinte d'asthme, mais que je souffrais aussi d'allergies qui déclenchaient mon asthme. En surveillant de près mes allergies, j'ai pu maîtriser mon asthme. J'ai pu recommencer à m'entraîner pour la première fois depuis que j'avais commencé l'école, et il est finalement apparu que mon rêve de travailler dans le domaine du spectacle pouvait de nouveau se réaliser.

Alors que je me préparais à la possibilité d'être une artiste de spectacle, j'ai beaucoup prié et j'ai fait plusieurs prises de conscience. J'avais des inquiétudes quant à ma capacité de supporter l'aspect physique de mon nouvel emploi, particulièrement à la lumière de mon nouveau diagnostic. Avec l'aide de quelques bons amis de mon campus, qui m'ont soutenue pendant cette période turbulente de ma vie, de ma famille et de deux très bons médecins, mon rêve est maintenant devenu réalité. Je me produis dans des parades, parfois jusqu'à trois par jour, dans des chaleurs extrêmes, et même s'il n'est pas toujours facile de souffrir d'asthme, ma victoire n'en est devenue que plus douce.

Mon nouvel objectif est de devenir plus active physiquement et de participer un jour au triathlon des Danskin Women à Walt Disney World, un exploit qui semblait impossible même avant mon diagnostic. Au début, lorsque j'ai su que je souffrais d'asthme, je n'aurais jamais visé un tel objectif, mais je sais maintenant qu'avec quelques prières et de la détermination, je peux tout réaliser. Qui sait? Peut-être qu'un jour je vous verrai à la ligne d'arrivée.

♥ *Jessica Berger*

QUAND VOTRE ASTHME N'EST PAS MAÎTRISÉ

Si votre asthme ne semble pas s'améliorer même si vous prenez des mesures pour le maîtriser, ne vous découragez pas. Voici quelques possibilités à explorer avec votre médecin:

- **Quelque chose dans ma maison déclenche mon asthme.** Relisez « les facteurs déclenchants de l'asthme » (p. 31-36), et considérez lesquels de ces facteurs — les plus communs sont: acariens de la poussière, pellicules d'animaux, blattes, moisissures ou fumée de tabac, par exemple — pourraient déclencher vos symptômes.
- **Quelque chose à mon lieu de travail déclenche mon asthme.** Certains de vos collègues présentent-ils aussi des symptômes d'asthme pendant qu'ils sont au travail? Votre respiration s'améliore-t-elle durant les week-

ends ou pendant les vacances? Si oui, votre médecin peut vous aider à trouver le facteur déclenchant, et vous dire si vous pouvez l'éviter.

- **Je ne prends pas mes médicaments correctement.** Examinez le plan de médication que votre médecin vous a prescrit pour vous assurer que vous le suivez à la lettre.
- **Je n'utilise pas mon inhalateur de la bonne façon.** Si vous n'utilisez pas correctement votre inhalateur, vos poumons ne reçoivent probablement pas suffisamment de médicament. Demandez à votre médecin s'il vous faut un tube d'espacement, un appareil qui permet à une plus grande dose de médicaments de pénétrer en profondeur dans vos poumons. Votre médecin vous montrera comment utiliser correctement un tube d'espacement.
- **Je pourrais devoir changer de médicaments.** Si vos médicaments ne maîtrisent pas votre asthme, il vous faudra probablement les changer. Par exemple, vous aurez peut-être besoin de prendre quotidiennement un médicament de contrôle à long terme pour combattre l'inflammation dans les poumons, et prendre aussi un médicament de soulagement rapide pour traiter les symptômes de l'asthme.
- **Je ne sais pas quand mon asthme s'aggrave.** Il vous faudra peut-être utiliser un

débitmètre de pointe plusieurs fois par jour pour surveiller le bon fonctionnement de vos poumons. En recueillant des données sur votre débit de pointe, vous saurez peut-être s'il vous faut prendre des médicaments supplémentaires ou téléphoner à votre médecin. Celui-ci vous enseignera comment vous servir d'un débitmètre de pointe et de quelle façon interpréter les résultats.

- **Il est possible que j'aie des déclencheurs médicaux comme le reflux gastro-œsophagien (RGO) pathologique ou une sinusite chronique.** Jusqu'à 70 pour cent des gens asthmatiques souffrent du RGO pathologique en comparaison de 20 à 30 pour cent dans la population en général. Si vous êtes atteint d'un asthme chronique grave qui ne répond pas bien au traitement, vous êtes encore plus susceptible de souffrir du RGO pathologique. La sinusite aussi est commune chez les personnes atteintes d'asthme.
- **Peut-être que je ne suis pas vraiment atteint d'asthme.** Si vous avez suivi toutes les directives de votre médecin et que vous éprouvez encore des problèmes, il est possible que vous souffriez d'une autre maladie qui ressemble à l'asthme. Votre médecin voudra peut-être vous faire passer d'autres tests pour s'assurer que vous souffrez vraiment d'asthme.

PENSEZ-Y…

SIGNES AVANT-COUREURS

Présentez-vous l'un des signes suivants? Cela peut signifier que votre asthme n'est pas maîtrisé.

__ Mes symptômes d'asthme sont plus fréquents.

__ Mes symptômes d'asthme sont pires qu'avant.

__ Mes symptômes d'asthme me dérangent beaucoup la nuit et me font perdre le sommeil.

__ Mon asthme me fait m'absenter du travail.

__ Mon enfant doit manquer l'école à cause de son asthme.

__ Ma valeur de débit de pointe est faible ou varie beaucoup du matin au soir.

__ Mes médicaments contre l'asthme ne semblent plus être très efficaces.

__ Je dois me servir plus fréquemment de mes médicaments de soulagement rapide ou de mon inhalateur d'urgence. (L'utilisation quotidienne de médicaments de soulagement rapide ou l'usage de plus d'un inhalateur par mois est excessif.)

__ J'ai dû me rendre au service des urgences ou chez le médecin à cause d'une crise d'asthme.

__ J'ai dû être hospitalisé à cause de mon asthme.

L'asthme ne peut anéantir les ambitions olympiques

Quand j'ai reçu le diagnostic de l'asthme, j'avais 18 ans. J'étais alors étudiante de première année à l'UCLA (Université de Californie à Los Angeles) et nous ne savions pas ce qui se passait exactement. Fréquemment, ma respiration était sifflante, j'étais essoufflée, et on avait diagnostiqué à tort une bronchite. J'ai finalement consulté un allergologue, qui m'a expliqué que je souffrais d'asthme. À partir de ce diagnostic, nous avons commencé à rechercher les facteurs déclenchants ainsi que les symptômes.

Lorsque j'étais essoufflée, je pensais surtout que j'étais en mauvaise forme, et je craignais que l'UCLA ne me retire ma bourse. Puis, après avoir reçu le diagnostic, j'ai vécu dans le déni. Comme je ne voulais pas croire que j'étais atteinte d'asthme, je ne faisais pas ce qu'on m'avait recommandé pour vraiment maîtriser mon asthme.

La clé est de maîtriser et de prendre en charge votre asthme tout en vous assurant que votre fonction pulmonaire soit bien suivie. Il est très important pour vous de vous renseigner sur vos médicaments, de collaborer avec votre médecin pour que vous puissiez maîtriser votre asthme et de cesser de vivre dans le déni. Quand vous aurez passé le test de fonction pulmonaire, examinez-en les résultats avec votre médecin. Il vous informera sur votre condition, et vous pourrez ensuite commencer à suivre un programme pour mieux maîtriser votre asthme. Car l'asthme ne doit pas vous contrôler. C'est vous qui devez le contrôler. Et c'est ce que j'ai dû apprendre, puisqu'à un certain moment c'est l'asthme qui me contrôlait.

♥ *Jackie Joyner-Kersee,*
six fois médaillée olympique,
à partir d'une entrevue
de la National Public Radio
avec Tavis Smiley

L'ASTHME ET L'EXERCICE

Certaines personnes souffrant d'asthme commencent à respirer bruyamment et difficilement après avoir fait de l'exercice, ou après avoir monté en courant un escalier, ou après avoir transporté des objets lourds. On appelle cela l'*asthme d'effort*.

Malheureusement, plusieurs personnes souffrant de ce type d'asthme cessent de faire de l'exercice, car elles veulent éviter les crises. Mais alors, elles perdent leur bonne forme physique, ce qui peut aggraver leurs problèmes respiratoires quand elles font quelque chose d'exténuant.

Ne permettez pas à l'asthme de vous empêcher de faire de l'exercice! Les avantages de l'activité physique sont trop importants pour ne pas en profiter. Faire de l'exercice réduit votre risque de maladie cardiaque, vous aide à perdre du poids, vous fait paraître et sentir en pleine forme, réduit le stress... la liste est interminable.

Le truc, c'est de choisir des types d'exercices qui vous causeront probablement moins de problèmes respiratoires, et de travailler en collaboration avec votre médecin pour voir s'il vous faut prendre des médicaments avant de faire de l'exercice afin d'éviter une crise d'asthme.

Les signes de l'asthme d'effort incluent les problèmes respiratoires (respiration sifflante, serrement de poitrine, toux, ou douleur à la poitrine) de 5 à 20 minutes après l'activité physique. Chez certaines personnes, les symptômes commencent après la fin de leur exercice. L'air froid, la pollution de l'air, les hauts taux de pollinisation et les rhumes peuvent empirer les effets de l'asthme d'effort.

Si vous croyez que vous pouvez souffrir d'asthme d'effort, parlez-en à votre médecin. Il peut vous faire passer un test de respiration pendant que vous faites de l'exercice pour vérifier si vous souffrez en effet de ce problème.

Les meilleures activités pour les gens qui souffrent d'asthme d'effort comprennent:

- La natation;
- La marche;
- Le vélo de randonnée;
- La randonnée pédestre.

Lorsque vous faites de l'exercice à l'extérieur par température froide, portez un foulard sur votre bouche et votre nez de manière à respirer de l'air chaud.

Si vous aimez les sports d'équipe, essayez ceux qui requièrent de courtes poussées d'activité, comme:

- Le baseball;
- Le softball;
- Le volley-ball;
- Le tennis;
- Le football;
- La lutte;
- Les compétitions athlétiques de courte durée;
- Le golf.

TRAITEMENT

Si votre médecin détermine que vous souffrez d'asthme d'effort, vous pourriez vous faire prescrire des médicaments à inhaler qu'il vous faudra prendre avant de faire de l'exercice. Le médicament le plus commun est un bronchodilatateur inhalé à action rapide qu'il faut prendre quinze minutes avant de faire de l'activité physique. Si ce traitement est insuffisant, votre médecin peut envisager de vous prescrire des médicaments de contrôle à long terme à prendre quotidiennement.

PENSEZ-Y...

MES TYPES D'EXERCICE FAVORIS

Le type d'exercice qui me plaît le plus est: ______

______________________________________.

Cet exercice peut déclencher chez moi des symptômes d'asthme. ___ OUI ___ NON

Un autre type d'exercice que je peux essayer est: _

______________________________________.

Je fais une période de réchauffement avant de commencer à faire de l'exercice. ___ OUI ___ NON

Je fais une période de récupération après avoir fait de l'exercice. ___ OUI ___ NON

J'ai parlé à mon médecin au sujet de l'asthme et de l'exercice. ___ OUI ___ NON

Vous devriez aussi vous réchauffer avant de faire de l'exercice, et faire une période de récupération, incluant des étirements et du jogging, pour éviter que l'air dans vos poumons ne change trop rapidement de température.

Évitez de faire de l'exercice quand vous avez le rhume, quand vous souffrez de toute autre infection respiratoire, ou lorsqu'il fait très froid à l'extérieur. Si c'est la pollution de l'air ou le pollen qui déclenchent votre asthme, évitez de faire de l'exercice à l'extérieur quand les niveaux de ces irritants sont élevés.

« Il veut courir et sauter
comme n'importe quel autre enfant
— son asthme ne l'arrête pas.
Il ne se laisse pas décourager —
il prend tout simplement son inhalateur
et il continue. »

— RACHEL G.,
mère d'un enfant asthmatique
de huit ans

Le camp de vacances

Nous sommes arrivés cet après-midi-là à Jackson's Mill, en Virginie-Occidentale, ne sachant pas à quoi nous attendre. Nous avons déchargé nos valises, puis ma mère s'est rendue à la table d'inscription du camp pour nous y inscrire, pendant que ma grand-mère jetait un regard peu enthousiaste aux alentours.

Après notre inscription, nous nous sommes dirigées vers notre chalet, nous avons choisi nos lits et les avons faits. « Les filles, vous n'êtes pas obligées de rester ici, vous pouvez revenir à la maison avec nous dès maintenant! » nous a dit ma mère, les yeux remplis de larmes. « Nous irons bien, Maman », avons-nous répondu, ma sœur et moi.

C'était notre première expérience dans un camp de vacances. Mandy avait neuf ans et j'en avais huit. « Êtes-vous certaines que ça va aller? » « Oui, Maman. »

Nous sommes donc sorties à l'extérieur. Maman nous a embrassées en nous disant au revoir et nous a dit qu'elle nous aimait. Nous avons commencé à jouer avec une autre des campeuses. Maman et Grand-mère se tenaient près du chalet et nous regardaient jouer quand le directeur du camp est venu les rassurer que tout se passerait bien. Maman et Grand-mère sont donc parties, en larmes.

Nous étions à Catch Your Breath, un petit camp de vacances tenu chaque année à Jackson's Mill pour les enfants souffrant d'asthme. Je m'y plaisais bien jusque-là, mais un peu plus tard je me suis retrouvée assise sur mon lit, avec une seule larme qui coulait sur mon visage. Ma mère me manquait. Mais bientôt, je m'amusais follement avec tout le monde dans le camp.

À la fin de la semaine, j'avais eu tellement de plaisir que j'ai pleuré parce que je ne voulais pas partir. J'avais aussi tellement appris cette semaine-là. J'ai découvert que mon asthme ne pouvait pas limiter ce que je fais, que c'était moi qui en avais la maîtrise. J'étais beaucoup plus habile à gérer toute situation angoissante qui se présentait due à mon asthme. Tout cela, je le devais aux merveilleuses personnes qui avaient pris du temps pendant leur été pour éduquer des enfants à prendre en charge leur asthme.

Je suis retournée à ce camp chaque année par la suite. Aujourd'hui encore, je participe à Catch Your Breath, mais j'y suis maintenant en tant que conseillère. Ayant grandi avec le programme, j'avais l'impression que c'était ma responsabilité de donner en retour à un organisme qui m'avait tant apporté. Il ne s'agit pas simplement d'un travail que j'adore, mais c'est une expérience extrêmement enrichissante de savoir que vous pouvez faire une différence dans la vie des enfants, en les aidant à prendre conscience qu'ils ont la maîtrise de leur vie et de leur asthme, et que le fait d'être asthmatiques ne signifie pas qu'ils ne peuvent accomplir tout ce que n'importe quel autre enfant « normal » peut faire. Ils peuvent réaliser leurs rêves.

♥ *Jessica Rogerson*

L'ASTHME CHEZ LES ENFANTS

L'asthme est la principale maladie chronique chez les enfants. Heureusement, la plupart d'entre eux qui souffrent de cette condition éprouvent des problèmes légers à modérés, et leurs problèmes de respiration peuvent être contrôlés par un traitement à la maison. Si votre enfant reste éveillé la nuit, s'il est incapable de participer à ses activités favorites comme le ballet ou le soccer, ou s'il manque l'école à cause de son asthme, sa maladie n'est alors pas contrôlée — et vous devez en informer le médecin de votre enfant.

Chez les jeunes enfants, on peut négliger de remarquer les symptômes d'asthme. C'est que la respiration sifflante ne constitue pas le seul signe de l'asthme chez les enfants. Une toux fréquente, l'inhabileté à garder le même rythme que les autres enfants pendant le jeu et une irritabilité inhabituelle peuvent aussi être des signes d'asthme.

Les enfants qui souffrent de fréquentes infections respiratoires (comme la pneumonie ou la bronchite) devraient être examinés par leur médecin pour voir s'ils sont asthmatiques. Une sensation de serrement de poitrine et un manque de souffle peuvent aussi être des signes d'asthme.

TRAITEMENT

Le médecin choisira des médicaments basés sur les symptômes de l'enfant et sur les résultats de ses tests. Les médicaments antiasthmatiques pour les enfants sont souvent les mêmes que ceux des adultes, mais les doses sont plus faibles. Les enfants atteints d'asthme peuvent avoir besoin à la fois d'un inhalateur à soulagement rapide, s'ils perçoivent l'arrivée imminente d'une crise, et d'une médication à prendre quotidiennement pour maîtriser leur asthme.

Le médecin peut vous demander d'aider votre enfant à se servir d'un débitmètre de pointe pour lui permettre de mieux contrôler son asthme. Il peut être très utile de mesurer sa fonction pulmonaire au moyen d'un débitmètre de pointe, car un enfant peut éprouver des difficultés à décrire ses symptômes.

Il vous faudra emmener votre enfant chez le médecin pour des visites régulières de contrôle, et vous assurer que votre enfant prend adéquatement ses médicaments.

Il est possible que votre médecin vous recommande un appareil spécial pour aider votre enfant à prendre ses médicaments antiasthmatiques, comme un tube d'espacement, qui rend l'utilisation d'un inhalateur plus facile, ou un nébuliseur, qui vaporise des médicaments sous forme de fines gouttelettes que l'enfant inhale. Votre médecin vous montrera, ainsi qu'à votre enfant, comment prendre le médicament et de quelle façon vous servir de tout appareil spécial. Si vous n'avez pas la certitude absolue de connaître le mode d'utilisation de cet appareil, n'hésitez pas à poser des questions!!

CONSEILS DE TRAITEMENT

- *Si votre enfant utilise un bronchodilatateur pour traiter ses symptômes d'asthme, il devrait commencer à se sentir mieux en cinq à dix minutes.*
- *Un médicament liquide est habituellement efficace après une heure. Dans le cas des comprimés et des capsules, ce temps varie; alors vérifiez avec votre médecin ou votre pharmacien.*
- *Les médicaments antiasthmatiques, incluant les corticostéroïdes, sont sécuritaires et hautement efficaces si on prend les doses recommandées. Tous les médicaments peuvent être nuisibles s'ils ne sont pas pris correctement.*
- *Si votre enfant ressent des effets secondaires avec une médication contre l'asthme, téléphonez à votre médecin. Si vous ne pouvez le joindre , réduisez la dose de moitié, ou sautez la suivante. N'arrêtez pas complètement le médicament, cela pourrait aggraver l'asthme.*

- *On ne devrait jamais prendre oralement un médicament contre l'asthme avec l'estomac vide. Si votre enfant a des nausées ou vomit, essayez de lui donner le médicament avec un peu de lait ou avec de la nourriture. Assurez-vous d'en parler à votre médecin, car il est possible que l'efficacité du médicament soit altérée si on le donne avec du lait ou de la nourriture.*
- *Si les effets secondaires, comme le vomissement, ne disparaissent pas, demandez à votre médecin de changer la dose ou le type de médicament. Vomir est un signe urgent de danger.*
- *Le médicament contre l'asthme de votre enfant a besoin d'être ajusté si votre enfant éprouve des symptômes (comme une respiration sifflante ou de la toux) pendant qu'il fait de l'exercice, au repos, la nuit ou tôt le matin. Parlez à votre médecin de changer la dose ou le type de médicament.*
- *Dans le cas de médicaments pris « au besoin », administrez-les dans les cinq minutes suivant le début des symptômes. Il faut moins de médicaments pour arrêter un épisode dans les premières phases de l'asthme que si on l'administre plus tard.*

- *Si votre médecin est d'accord, donnez le médicament au premier signe d'un rhume ou d'une grippe, même si vous n'entendez pas de respiration sifflante ou de toux. Continuez à donner le médicament jusqu'à ce que tous les signes de rhume ou de grippe soient disparus.*
- *Le médecin de votre enfant peut prescrire des médicaments à prendre quotidiennement pour prévenir l'asthme même quand votre enfant ne présente pas de symptômes. Les médicaments réduisent l'enflure des voies respiratoires et diminuent la probabilité qu'un autre épisode se produise.*

PENSEZ-Y…

L'ASTHME DE MON ENFANT

Je voudrais de l'aide pour comprendre:

__ Comment mon enfant devrait utiliser l'inhalateur.

__ Comment mon enfant devrait utiliser le débitmètre de pointe.

__ Comment mon enfant devrait utiliser le tube d'espacement.

__ Comment mon enfant devrait utiliser le nébuliseur.

Mes autres questions: ______________________________

____

____

____

____

____

PENSEZ-Y...

LES SYMPTÔMES D'ASTHME DE MON ENFANT

__ Mon enfant tousse, sa respiration est sifflante, il a des serrements de poitrine ou il manque de souffle.

__ Les rhumes s'attaquent directement à la poitrine de mon enfant et durent plus longtemps que pour ses frères et sœurs.

__ Mon enfant tousse ou respire bruyamment quand il fait de l'exercice, joue et rit, ou durant des accès de colère.

__ Nous avons des antécédents familiaux d'asthme ou d'allergies.

__ Mon enfant manque l'école à cause de l'asthme.

__ La toux ou la respiration sifflante nous garde éveillés la nuit, moi et mon enfant.

Les facteurs déclenchant l'asthme de mon enfant sont:

____

____

____

Voici la fréquence à laquelle surviennent les symptômes de l'asthme de mon enfant et quelle est leur sévérité: ____

____

____

Apportez cette liste au prochain rendez-vous de votre enfant chez le médecin et discutez-en avec le médecin.

*« Je veux que tous les enfants asthmatiques
sachent que, lorsque vous prenez soin
de vous-même et de votre asthme,
vous pouvez quand même courir
et avoir du plaisir! »*

— SCOTT H.,
douze ans

Sans limites, même avec l'asthme

Notre famille ne pense pas que l'asthme soit une mauvaise chose; dans notre maison, cela fait tout simplement partie de la vie. Mes deux fils souffrent d'asthme; mon plus jeune fils, Sydney, est asthmatique grave depuis l'âge de trois mois. Son frère aîné, Bradley, est aussi atteint d'asthme, mais pas aussi gravement. Je leur ai toujours expliqué que souffrir d'asthme est comme avoir les yeux bleus ou bruns; ce n'est qu'une partie de ce qu'ils sont.

J'ai informé mes deux garçons que des enfants peuvent mourir à cause de l'asthme; c'est pourquoi ils doivent toujours prendre leurs médicaments correctement. Ils connaissent tous les deux les médicaments qu'ils doivent prendre et le moment où il faut les prendre. Ils savent aussi qu'ils doivent recevoir un prétraitement avant de jouer trop intensivement (sports, jeu du chat, courir).

Sydney est l'enfant le mieux coordonné et le plus athlétique que j'ai jamais connu. Il peut être difficile d'équilibrer ses dons athlétiques avec son asthme. Il a commencé à courir avant l'âge de neuf mois et j'essayais toujours de le ralentir de peur d'une autre crise d'asthme. Sydney courait aussi fort qu'il en était capable, s'arrêtait brusquement et tombait sur le sol, reprenait son souffle, puis se relevait et courait encore.

Un jour, j'ai parlé à son médecin au sujet de l'équilibre entre la course et l'asthme. Il m'a dit que je devais permettre à Sydney d'être un enfant « normal ». Il fallait lui laisser la chance de poursuivre ses rêves; mais nous devions le faire avec un inhalateur sous la main. J'ai finalement cédé et j'ai permis à Sydney de se joindre à une équipe de baseball à quatre ans. J'étais tellement angoissée, mais je lui donnais simplement ses médicaments avant le début de la partie, et je tenais ses médicaments de secours dans ma main pendant chacune des parties.

Je n'avais jamais vu mon fils si heureux. Il faisait ce qu'il aimait… jouer au baseball dans une équipe avec les autres enfants. Cela fait déjà un an que

Sydney a commencé à jouer dans une équipe de baseball et, depuis lors, il a pris des leçons de patin sur glace, s'est joint à un club sportif à l'école, a joué au hockey de rue avec son grand frère, et il a très hâte de se joindre bientôt, de nouveau, à une équipe.

Il est toujours difficile pour moi de le laisser aller, mais je sais que c'est nécessaire. Plus important encore, il sent qu'il peut tout faire... et il en est capable!

♥ *Shari Davis Gonzales*

FAIRE FACE À L'ASTHME DE VOTRE ENFANT

Découvrir que votre enfant est atteint d'asthme peut provoquer chez vous toute une gamme d'émotions. Vous pouvez être soulagé de savoir ce qui cause la détresse de votre enfant. Ou vous pouvez vous sentir accablé à l'idée d'être confronté à une condition à long terme, et vous vous demandez comment vous vous débrouillerez si votre enfant fait une crise d'asthme. Il est naturel de s'inquiéter, mais avec le temps et l'expérience, vous vous sentirez plus sûr de vous pour faire face à cette maladie.

Plusieurs enfants acceptent mieux que leurs parents la nouvelle qu'ils sont asthmatiques. Il est important de garder une attitude positive. Ne laissez pas vos inquiétudes jeter une ombre sur l'indépendance grandissante de votre enfant. Essayer de protéger les enfants ne les aidera pas.

Mais à certains moments, vous devrez prendre des décisions qui touchent leur santé — comme décider que votre enfant ne peut aller à la maison d'un ami parce que leur chat peut déclencher son asthme. Dites simplement non, expliquez-en la raison à votre enfant, et ne vous y attardez pas. Rester enlisé dans la culpabilité n'aidera pas votre enfant — ni vous d'ailleurs.

À mesure qu'ils grandissent, aidez les enfants à prendre la responsabilité de leur asthme. Ils deviendront plus fiers et plus confiants en eux-mêmes lorsqu'ils maîtriseront les tâches quotidiennes qu'implique la prise en charge de leur asthme. Félicitez-les lorsqu'ils prennent de nouvelles responsabilités, et acceptez qu'il puisse être angoissant pour vous de lâcher prise un peu. Mais rappelez-vous, ils devront apprendre à prendre soin d'eux-mêmes en grandissant.

Les enfants d'âge préscolaire peuvent:

- Se servir d'un débitmètre de pointe sous l'étroite supervision des parents.
- Commencer à trouver des mots pour décrire leurs symptômes.

Les enfants d'âge scolaire peuvent:

- Commencer à mesurer leur débit de pointe et à prendre leurs médicaments sous supervision.
- Dire aux parents quand ils sentent le début d'un déclenchement de symptômes d'asthme.
- Avoir la permission de jouer et de participer à des sports.

Les préadolescents peuvent:

- Comprendre les conséquences de ne pas gérer leur asthme.
- Avoir plus d'indépendance pour prendre leurs médicaments, pour mesurer leur débit de pointe et suivre leur plan d'action contre l'asthme.

Quelques conseils pour les parents d'enfants qui sont atteints d'asthme:

- Il est important de se rappeler qu'avec des soins médicaux appropriés, votre enfant asthmatique *peut* avoir une enfance normale.
- Il faut se rendre compte de l'impact que l'asthme de votre enfant peut avoir sur ses frères et sœurs. Prévoyez un peu de temps seul avec chacun de vos enfants qui ne sont pas asthmatiques. Planifiez une activité spéciale, ou cuisinez leur mets favori de temps à autre

— c'est une façon de leur montrer qu'ils sont importants eux aussi.

- Ne minimisez pas le stress que vous cause l'asthme de votre enfant. Vous affrontez les peurs à propos de sa maladie, vous rendez visite au médecin, et vous gérez le régime de médication de votre enfant. Il vous faut dormir suffisamment et manger des aliments nutritifs. Sinon, vous n'aurez pas assez d'énergie pour vous et votre famille.
- Trouvez des sources de soutien — des amis, la famille et des groupes locaux de soutien pour les parents d'enfants asthmatiques. Pour obtenir de l'information et des conseils, contactez un organisme comme l'Association pulmonaire du Québec, Info-asthme, 1-800-295-8111.
- Lisez autant que vous le pouvez sur l'asthme — plus vous en savez, plus il vous sera facile de vous occuper de la santé de votre enfant avec confiance et calme.

PENSEZ-Y...

CE QUE JE RESSENS À PROPOS DE L'ASTHME DE MON ENFANT

Mes inquiétudes à propos de l'asthme de mon enfant sont: ______________________________

____

____

____

Un moment où je n'étais pas certain des actions à prendre à propos de l'asthme de mon enfant était:

____

____

____

____

J'aimerais améliorer la façon dont je m'occupe de l'asthme de mon enfant en: ______________________________

____

____

____

« Je peux voir ses symptômes avant même qu'il puisse les ressentir. »

— BARBARA BEROFF,
mère d'un enfant asthmatique
de dix ans

Telle mère, tel fils

J'ai quitté le bureau du pédiatre avec un lit d'auto pour enfant d'une main et un tout nouveau nébuliseur dans l'autre. Dans le bureau du médecin, j'avais montré un visage courageux, mais des larmes coulaient sur mes joues alors que je marchais vers ma voiture. Mon magnifique petit garçon angélique était ce que j'avais prié qu'il ne soit pas — un enfant qui a une respiration sifflante. J'ai sécurisé l'enfant dans la voiture, je me suis assise sur le siège du conducteur et j'ai pleuré. Comme moi, mon bébé était destiné à une vie de « je ne peux pas » — je ne peux pas passer la nuit chez un ami qui a un animal de compagnie, je ne peux pas courir pieds nus dans un champ d'herbe, je ne peux pas quitter la maison sans un inhalateur.

Le régime de médication de mon fils était nouveau pour moi. Alors que nous avions commencé son plan de traitement, qui incluait un médicament quotidien de stabilisation, j'en ai appris plus sur les nouvelles médications et où la science en était rendue dans la maîtrise des symptômes de l'asthme. La maîtrise de l'asthme? Je pensais qu'on ne pouvait qu'encaisser les coups — ou plutôt encaisser la toux et la respiration sifflante. Je me servais d'un inhalateur acheté en pharmacie et je l'utilisais quand j'en avais besoin, c'est-à-dire beaucoup plus souvent que les directives sur l'emballage le recommandaient.

Quelques mois plus tard, deux crises d'asthme coup sur coup m'ont conduite au service des urgences, en sueur et en danger. Le médecin m'a traitée et a dit: « Ce serait vraiment insensé que vous mouriez d'une crise d'asthme. L'asthme se traite tellement bien. Mais laissés sans soins médicaux, les poumons surmenés ne ressuscitent pas. » Je pensais à mon mari et à mon bébé qui m'attendaient à la maison. *D'accord, Seigneur, je comprends maintenant. Je dois planifier d'être là pendant encore longtemps, pour voir mes enfants grandir et avoir des enfants à leur tour. Je dois donner l'exemple à mon fils sur la façon de vivre avec l'asthme. Ça dépend de moi.*

Je suis retournée à la maison et j'ai appelé un spécialiste. Après l'avoir rencontré, toutes mes excuses ne tenaient plus. Nouvelle maman, trop fatiguée, trop occupée — je n'avais aucune bonne excuse pour ne pas prendre ma santé en main.

Maintenant mon fils et moi prenons chacun un médicament de maintien quotidien. J'ai fait de mon mieux pour éviter nos « facteurs déclenchants » et je suis préparée pour traiter rapidement les symptômes. Mon fils est assez jeune pour que je prie qu'il vainque son asthme. Mais s'il n'y arrive pas, ce sera bien aussi. Nous pouvons vivre, et bien vivre, avec l'asthme.

♥ *Shawn Scott McSwain*

COMMENT PRÉVENIR UNE CRISE D'ASTHME CHEZ UN ENFANT

Tout enfant asthmatique possède un système avertisseur inné qui signale l'imminence d'une crise d'asthme. Même si votre enfant n'est pas assez vieux pour vous expliquer comment il se sent, vous pouvez apprendre à reconnaître les signes avant que les symptômes empirent.

SIGNES AVANT-COUREURS

- Toux;
- Pâleur inhabituelle ou transpiration;
- Regard anxieux ou effrayé;
- Narines dilatées quand l'enfant essaie de prendre de l'air;

- Respiration avec lèvres pincées;
- Respiration rapide;
- Vomissements;
- Posture courbée du corps; l'enfant ne peut se tenir debout ou s'asseoir droit, et est incapable de se détendre;
- Agitation durant le sommeil;
- Fatigue qui n'est pas reliée à un travail ou au jeu rude;
- Un creux se forme juste au-dessus de la pomme d'Adam de l'enfant quand il inspire;
- Les espaces entre les côtes se creusent quand l'enfant inspire.

Quoi écouter

- Une toux quand l'enfant n'a pas le rhume;
- Des raclements de gorge fréquents;
- Une respiration irrégulière;
- Une respiration sifflante, quoique légère;
- Une respiration bruyante et difficile.

Comment écouter

Placez votre oreille sur le dos de l'enfant et votre main sur sa poitrine. Vous sentirez la poitrine monter lorsque l'enfant inspire, aspirant de l'air, et vous sentirez que la poitrine s'abaisse lorsque l'enfant expire, relâchant de l'air.

- Écoutez pour reconnaître si vous entendez des sifflements ou des bruits inhabituels. Ils peuvent signifier de l'asthme, une bronchite ou une infection des voies respiratoires. Seul un médecin peut en être vraiment certain, donc considérez toute respiration bruyante comme un signal qu'il faut peut-être demander de l'aide.
- Si l'enfant présente des symptômes et qu'il n'y a pas de sons dans sa poitrine, appelez immédiatement votre médecin.

QUE FAIRE IMMÉDIATEMENT

Rassurez l'enfant par le ton de votre voix, votre attitude qui montre que vous êtes capable de gérer la situation, et votre confiance. Toutes ces qualités sont communicatives. Votre enfant comprendra les signes que vous lui donnez et il se détendra.

- Si le médecin a recommandé un médicament quand les signes apparaissent, utilisez-le. (Ne donnez pas à l'enfant une dose spéciale à moins que le médecin l'ait prescrit.)
- Encouragez une prise normale de liquides. Trop boire peut en fait nuire et non aider.

SIGNES D'URGENCE

Appelez votre médecin ou obtenez des soins médicaux d'urgence si votre enfant montre un de ces signes.

- La respiration sifflante, la toux ou l'essoufflement empire, même après que le médicament a eu assez de temps pour agir. La plupart des médicaments bronchodilatateurs inhalés sont efficaces en cinq à dix minutes. Discutez avec le médecin de votre enfant du temps nécessaire pour que le médicament fasse effet.
- L'enfant a de la difficulté à respirer. Les signes en sont:
  - La poitrine et le cou sont tirés ou se creusent à chaque respiration.
  - Il lutte pour respirer.
  - L'enfant éprouve des problèmes à marcher ou à parler, arrête de jouer et est incapable de recommencer.
  - La valeur de débit de pointe s'abaisse ou ne s'améliore pas après un traitement avec bronchodilatateur, ou tombe à 50 pour cent ou moins du niveau de la meilleure performance de votre enfant.
  - Les lèvres ou les ongles sont gris ou bleus. Si cela arrive, RENDEZ-VOUS IMMÉDIATEMENT CHEZ LE MÉDECIN OU AU SERVICE DES URGENCES.

PENSEZ-Y...

LA LISTE DE CONTRÔLE DES MESURES À PRENDRE CONTRE L'ASTHME DE MON ENFANT

__ Je connais les signes d'une possible crise d'asthme chez mon enfant.

__ Je sais quelles sont les lectures du débit de pointe qui signalent une crise possible.

__ Je sais quels médicaments lui donner si mon enfant montre des signes de problèmes respiratoires.

__ Je sais comment lui administrer les médicaments.

__ Je sais où les médicaments sont gardés.

__ Je sais où est rangé le plan d'action contre l'asthme de mon enfant.

__ J'ai le numéro de téléphone du médecin de mon enfant affiché à un endroit où il est facile de le voir.

__ Je connais le nom et l'emplacement de l'hôpital le plus près.

Dieu sait ce que je peux supporter

Mon fils Kevin est né prématurément il y a douze ans, après une grossesse de trente semaines, et il nous a fallu surmonter de nombreux obstacles. Je n'avais jamais cru que l'asthme serait le plus important.

Kevin a reçu le diagnostic de cette maladie il y a neuf ans. Je n'avais aucune idée du tel impact que l'asthme aurait sur nos vies. Je suis une mère divorcée ayant trois enfants. Mes deux autres enfants ont 20 et 14 ans. L'asthme a énormément influé sur toutes nos vies.

L'asthme exige de nombreux sacrifices. Chaque jour, j'emporte les médicaments et un nébuliseur pour me rendre à l'école avec Kevin. Lorsque nous voulons faire une sortie, je dois être parfaitement au courant de la température et de l'environnement des lieux. Si nous rendons visite à d'autres gens, je dois m'assurer qu'ils ne possèdent pas d'animaux de compagnie et que personne ne fume dans la maison. Les vacances exigent beaucoup de préparation. Je dois m'assurer d'en informer le médecin. Je dois toujours savoir où se trouve l'hôpital le plus près.

J'avais l'habitude d'estimer que j'étais punie à cause des nuits interminables à rester éveillée, des heures passées à m'inquiéter de Kevin pendant la journée, et du nombre de jours où je dois m'absenter de mon travail. Et je ne peux donner à mes deux autres enfants la même part d'attention qu'ils méritent.

Puis je me suis rendu compte que je n'avais pas été punie.

Je me sens exceptionnelle parce que j'ai été choisie pour avoir un enfant asthmatique. Il faut un parent particulier pour affronter les obstacles qui se présentent avec l'asthme. Je me sens maintenant privilégiée, car Dieu sait ce que je peux supporter. Lorsque je vois Kevin sourire ou qu'il me serre bien fort, je sais que j'ai été choisie.

Kevin s'absente encore de l'école environ 25 jours par année à cause de son asthme (moins de la moitié du nombre de jours qu'il manquait auparavant) et il est demeuré au tableau d'honneur depuis les sept dernières années. À 9 ans, Kevin a pu jouer dans la neige pour la première fois de sa vie! Encore plus excitante a été la nouvelle toute fraîche que Kevin est maintenant assez bien pour se joindre à l'équipe de basket-ball. Il a réalisé le rêve de sa vie.

♥ *Renee Hall-Freeman*

L'ASTHME À L'ÉCOLE

Le meilleur moyen de vous assurer que l'asthme de votre enfant est bien contrôlé pendant la période scolaire est de communiquer avec le professeur de votre enfant, l'infirmière de l'école et le professeur d'éducation physique. Voici ce que vous devez faire:

- **Prenez note des déclencheurs d'asthme et d'allergie de votre enfant** (comme l'exercice, les pellicules d'animaux ou des aliments particuliers). Remettez la liste aux professeurs, aux entraîneurs, aux infirmières et aux autres adultes qui s'occuperont de votre enfant durant la journée à l'école.
- **Remettez au personnel de l'école une liste des médicaments de votre enfant.** Cela inclut les doses prescrites et les instructions sur le moment et la manière d'administrer les médicaments à votre enfant.
- **Remettez à l'infirmière les médicaments de secours** accompagnés d'instructions sur la façon de réagir à une crise d'asthme ou à une réaction allergique.
- **Fournissez une liste des numéros de téléphone d'urgence,** incluant celui du médecin de votre enfant.

- **Parlez au personnel de l'école des signes avant-coureurs d'une crise d'asthme chez votre enfant.**

VOTRE ÉCOLE EST-ELLE SENSIBILISÉE AUX PROBLÈMES DE L'ASTHME ?

Les enfants asthmatiques ont besoin d'un soutien adéquat à l'école pour maîtriser leur asthme et être pleinement actifs. Répondez aux questions suivantes afin d'évaluer le soutien que l'école de votre enfant apporte aux élèves souffrant d'asthme.

1. Votre école est-elle continuellement exempte de fumée de tabac, incluant la période des événements parrainés par l'école? ___ OUI ___ NON

2. L'école maintient-elle une bonne qualité de l'air intérieur? Réduit-elle ou élimine-t-elle les allergènes et les irritants qui peuvent aggraver l'asthme? ___ OUI ___ NON

Vérifiez qu'aucun des éléments suivants n'est présent:

__ Blattes;

__ Acariens (on les retrouve habituellement dans des milieux humides, dans des oreillers, tapis, meubles et jouets rembourrés);

__ Moisissures;

__ Animaux de compagnie avec pelage ou plumes;

__ Fortes odeurs ou émanations de matériel d'art et d'artisanat, pesticides, peinture, parfums, désodorisants et nettoyants chimiques.

3. Une infirmière scolaire est-elle en poste toute la journée dans votre école, tous les jours? ___ OUI ___ NON

Sinon, une infirmière est-elle régulièrement accessible pour aider l'école à rédiger des plans d'action et donner des conseils sur les médicaments, les cours d'éducation physique et les sorties éducatives avec les élèves asthmatiques? ___ OUI ___ NON

4. Les enfants peuvent-ils prendre les médicaments à l'école comme il est recommandé par leur médecin et leurs parents? __ OUI __ NON

   Les enfants peuvent-ils apporter leurs médicaments contre l'asthme? __ OUI __ NON

5. Votre école dispose-t-elle d'un plan d'urgence écrit et individualisé pour chaque enfant dans le cas d'un épisode (crise) grave d'asthme? __ OUI __ NON

   Le plan établit-il clairement les mesures à prendre? Qui et quand appeler? __ OUI __ NON

6. Donne-t-on au personnel de l'école de la formation sur l'asthme, sur les plans de gestion de l'asthme et sur les médicaments contre l'asthme? __ OUI __ NON

   Quelqu'un renseigne-t-il tous les élèves à propos de l'asthme et sur la façon d'aider un camarade de classe qui en souffre? __ OUI __ NON

7. Les élèves ont-ils de bonnes options pour participer pleinement et sécuritairement aux cours d'éducation physique et à la récréation? ___ OUI ___ NON

   Par exemple, ont-ils accès à leurs médicaments avant de faire de l'exercice? ___ OUI ___ NON

   Peuvent-ils choisir des activités modifiées ou différentes lorsque c'est médicalement nécessaire? ___ OUI ___ NON

Si la réponse à l'une de ces questions est « non », votre enfant peut rencontrer des obstacles pour une bonne maîtrise de son asthme à l'école. Parlez au directeur ou à la directrice et à l'infirmière scolaire afin de rendre l'école de votre enfant plus sensibilisée aux problèmes d'asthme. Si vous avez besoin d'aide, contactez l'un des organismes mentionnés dans la section *Ressources* à la fin de ce livre.

« Toute personne souffrant d'asthme connaît la peur d'être incapable de respirer — c'est le reste du monde qui a besoin de comprendre. »

— DEBRA W.,
mère d'un adolescent
asthmatique

L'asthme à seize ans

Mon nom est Jessica. À six ans, on a diagnostiqué que j'étais atteinte d'asthme. Me voilà aujourd'hui à l'âge mature de seize ans, dix années plus tard, à me remémorer les hauts et les bas que cette maladie m'a fait vivre.

Pour quelqu'un qui ne souffre pas d'asthme ou qui n'a aucune connaissance à propos de cette maladie, cela semblerait probablement exagéré et on pourrait penser que l'asthme est simplement un truc pour attirer l'attention ou, comme l'a dit un jour un professeur d'éducation physique, « juste une excuse », mais l'asthme est un problème qui affecte quotidiennement des millions d'enfants.

De nos jours, les gens sont plus compréhensifs alors que l'asthme est maintenant considéré comme un problème sérieux, et que des activités simples en apparence, comme le jeu du chat avec des amis ou sortir dehors en hiver pour faire un bonhomme de neige, deviennent difficiles pour l'enfant atteint d'asthme.

En grandissant, j'ai pris conscience que cette maladie est devenue une sorte de plaisanterie avec mes amis. Ils plaisantent sur le sujet ou m'appellent « la siffleuse » de temps à autre. Par contre, chaque fois que je suis essoufflée ou que je commence à ressentir un problème avec mon asthme en compagnie de mes amis, ils sont toujours les premiers à le remarquer et à m'offrir leur aide. « Ça va? As-tu ton inhalateur avec toi? »

Avec tout ce que j'ai appris, je maîtrise mieux mon asthme, mais parfois cette maladie gruge le meilleur de moi et je panique. Cependant, j'ai la chance d'être entourée d'individus tellement aimants et compréhensifs.

Lorsque je sens que mon asthme prend le dessus, je me rappelle simplement que je maîtrise ma maladie et que je peux réussir tout ce que je décide d'entreprendre. Ce n'est pas mon asthme qui m'empêchera de réaliser mes rêves.

♥ *Jessica Lynn Blazier*

L'ASTHME TOUT AU LONG DE VOTRE VIE

Il existe certains moments dans la vie d'une personne où l'asthme présente des défis particuliers : les années d'adolescence, durant la grossesse et plus tard dans la vie.

LES ADOLESCENTS ET L'ASTHME

Les années d'adolescence peuvent être la pire période pour se sentir différent. Et c'est ce sentiment que suscite l'asthme chez les adolescents qui en sont atteints. Ils peuvent se sentir mal à l'aise de devoir prendre des médicaments, ou d'utiliser un inhalateur ou un débitmètre de pointe devant leurs amis.

Les adolescents asthmatiques peuvent vivre des situations difficiles : devoir décliner une invitation à la maison d'un ami qui possède des animaux de compagnie parce que cela pourrait déclencher une crise d'asthme, ou devoir rester assis pendant une séance d'entraînement de l'équipe une journée où des symptômes d'asthme se déclenchent.

Certains adolescents atteints d'asthme peuvent éviter complètement l'activité physique par crainte de faire une crise devant les autres. D'autres peuvent se servir de l'asthme comme une excuse pour éviter les cours d'éducation physique ou d'autres activités qu'ils ne veulent pas pratiquer. Ce qui est particulièrement dangereux, c'est lorsque les adolescents oublient — ou refusent — de prendre leurs médicaments antiasthmatiques pour prévenir ou contrôler les problèmes respiratoires. Ce comportement peut amener le jeune à devoir se rendre à l'hôpital si son asthme devient hors de contrôle.

Les objectifs pour les adolescents souffrant d'asthme sont:

- de comprendre leur maladie;
- de se doter d'un plan d'action simple contre l'asthme;
- de sentir qu'ils contrôlent leur vie;
- de prendre conscience que l'asthme ne définit pas ce qu'ils sont et ne les limite pas.

Si vous êtes le parent d'un adolescent asthmatique, il est important de comprendre que l'asthme peut affecter l'estime de soi de votre enfant. Vous devez être conscient qu'il est possible que votre adolescent minimise les symptômes de l'asthme ou évite de prendre ses médicaments contre l'asthme afin de ressembler à ses amis.

Il n'est jamais facile d'être parent, mais être parent d'un adolescent asthmatique présente ses propres défis particuliers — essayer de s'assurer que les adolescents suivent leur plan d'action contre l'asthme tout en leur accordant de l'indépendance afin qu'ils prennent des décisions à propos de leur propre santé.

Certains parents d'adolescents asthmatiques découvrent qu'il peut être utile d'établir un contrat avec leurs adolescents pour définir un plan de gestion de l'asthme et présenter les récompenses et les conséquences.

Vous éviterez probablement les confrontations à propos de l'asthme de votre adolescent si vous lui parlez de ce qu'il ou elle peut faire pour contrôler sa respiration. Pensez à ce que vous avez dit — avez-vous été trop sévère sur les restrictions et les limites, insistant sur ce que votre adolescent ne peut accomplir à cause de l'asthme?

Mettez plutôt l'accent sur les aspects positifs de ce que peut faire votre adolescent. Donnez-lui autant de responsabilités que vous croyez qu'il peut en assumer. Insistez sur le fait que maintenant que votre adolescent est plus vieux et plus indépendant, il est temps qu'il devienne plus responsable de sa propre santé. Parlez aux adolescents des conséquences d'une mauvaise gestion de leur asthme et rappelez-leur qu'en maîtrisant leur asthme, ils seront en mesure de pratiquer leurs activités préférées. Puis, faites confiance à votre jeune pour qu'il prenne ses médicaments au bon moment et de la bonne façon. Il ou elle appréciera certainement votre confiance dans son habileté à gérer sa propre santé.

Offrez du soutien et de l'encouragement:

- En permettant à votre adolescent de rencontrer seul le médecin. Cela l'incitera à s'impliquer encore plus dans ses propres soins de l'asthme.
- En invitant votre adolescent à se joindre à d'autres jeunes atteints d'asthme afin qu'ils puissent s'offir du soutien mutuel.

PENSEZ-Y...

L'ASTHME DE VOTRE ADOLESCENT

Les sentiments de mon adolescent à propos de l'asthme sont: ____________________

____

____

Les problèmes que j'ai rencontrés en essayant d'aider mon adolescent à gérer son asthme sont: __

____

____

Ce qui a fonctionné pour aider mon adolescent à s'occuper de son asthme est: ____________________

____

____

Je souhaite que mon adolescent atteint d'asthme fasse: ____________________

____

____

L'ASTHME ET LA GROSSESSE

Si vous êtes enceinte et asthmatique, il est particulièrement important pour vous de suivre à la lettre votre plan d'action contre l'asthme — pour l'amour de votre santé aussi bien que de celle de votre bébé.

Il est compréhensible qu'une femme enceinte atteinte d'asthme se demande si c'est sécuritaire de prendre des médicaments. Des études ont démontré que la plupart des médicaments inhalés contre l'asthme sont sécuritaires pour les femmes enceintes. Si vous prenez des médicaments antiasthmatiques, parlez-en à votre médecin afin de savoir si vous pouvez changer de médication au cours de votre grossesse.

La bonne nouvelle, c'est que les femmes dont l'asthme est bien maîtrisé durant la grossesse ont de bonnes chances de vivre une grossesse normale et d'accoucher d'un bébé en santé. Par contre, l'asthme non maîtrisé peut mener à une diminution du taux d'oxygène dans le sang de la mère, ce qui signifie une diminution d'oxygène pour le fœtus. Cette situation peut affecter la croissance fœtale, étant donné que le fœtus a besoin d'un approvisionnement constant en oxygène pour croître normalement. L'asthme non maîtrisé peut conduire à une naissance prématurée et le bébé peut avoir un poids insuffisant à la naissance.

Aussitôt que vous découvrez que vous êtes enceinte, parlez à votre médecin à propos de vos médicaments contre l'asthme pour savoir s'il est approprié et sécuritaire de les utiliser pendant la grossesse.

Des données importantes à propos de l'asthme et la grossesse incluent :

- Certaines femmes découvrent que leur asthme s'améliore durant la grossesse, d'autres trouvent qu'il s'aggrave, et d'autres considèrent qu'il demeure le même. S'il y a des changements dans votre asthme, votre médecin ajustera votre médication au besoin.
- L'asthme tend à empirer à la fin du second trimestre et au début du troisième trimestre de grossesse. Si votre asthme est bien maîtrisé durant la grossesse, vous n'aurez probablement pas de problèmes d'asthme durant le travail et l'accouchement.
- La plupart des femmes asthmatiques peuvent facilement pratiquer les techniques de respiration de la méthode Lamaze.
- Parlez à votre médecin de vous vacciner contre la grippe. Elle est particulièrement dangereuse pour les gens souffrant d'asthme.
- Si vous fumez, c'est maintenant le temps d'arrêter! Fumer peut aggraver votre asthme, et cela affecte directement la santé de votre

bébé en développement. Évitez aussi d'être en compagnie de fumeurs — la fumée secondaire peut déclencher votre asthme et nuire aussi à votre bébé.

Les adultes plus âgés et l'asthme

Développer de l'asthme à l'âge adulte peut s'avérer une grande surprise. Certains adultes qui commencent à souffrir d'asthme se souviennent d'avoir eu des problèmes respiratoires pendant leur enfance, lesquels avaient disparu, mais ont réapparu plus tard au cours de leur vie. D'autres développent de l'asthme pour la première fois lorsqu'ils sont plus âgés.

Parfois, une personne plus âgée présente des symptômes qui ressemblent à de l'asthme, comme une respiration sifflante, lesquels sont finalement le signe d'une autre maladie pulmonaire. D'autres maladies pulmonaires peuvent causer des problèmes similaires, comme la bronchite et l'emphysème, particulièrement chez les fumeurs. La maladie cardiaque peut aussi causer des problèmes respiratoires.

Interaction des médicaments

Si vous êtes un adulte plus âgé souffrant d'asthme, il est probable que vous preniez aussi des médicaments pour d'autres problèmes de santé. Certains médicaments peuvent être contre-indiqués aux personnes asthmatiques. Il faut mentionner à votre médecin quels sont les médicaments que vous prenez pour d'autres problèmes de santé. N'oubliez pas d'inclure les médicaments de médecine douce et les suppléments de vitamines. Chaque fois que vous obtenez une nouvelle ordonnance, rappelez à votre médecin que vous souffrez d'asthme. Conservez une liste à jour de tous les médicaments que vous prenez. Apportez toujours cette liste lors de votre visite médicale.

Les médicaments qui peuvent affecter l'asthme incluent:

- **Les médicaments pour la pression artérielle élevée et les problèmes cardiaques.** Certaines personnes asthmatiques constatent que leur asthme empire lorsqu'elles prennent certains médicaments pour abaisser la pression artérielle, comme les bêta-bloquants (tels que le propranolol, le nadolol et le timolol) ou les inhibiteurs ECA.

- **Les analgésiques.** Certaines personnes atteintes d'asthme peuvent éprouver des problèmes respiratoires si elles prennent de l'aspirine, de l'acétaminophène, de l'ibuprofène ou du naproxène. De telles substances sont contenues dans de nombreux remèdes en vente libre contre le rhume et la douleur.

CONSEILS DE TRAITEMENT

- Si vous prenez des médicaments pour plusieurs conditions différentes, collaborez avec votre médecin afin de simplifier autant que possible votre programme de médicaments. Vous pourriez peut-être combiner des médicaments ou en utiliser d'autres en alternance qui auraient le même effet désiré.

- Assurez-vous de noter par écrit votre plan d'action contre l'asthme, et remettez-en une copie à quelqu'un d'autre — un membre de la famille, un ami ou un voisin.

- Si vous avez des difficultés à vous servir d'un inhalateur à cause de l'arthrite, parlez-en à votre médecin. Si vous ne l'utilisez pas correctement, vous n'obtiendrez pas la bonne dose. Demandez à votre médecin s'il vous est possible de vous servir d'un inhalateur qui est plus facile à manipuler, ou d'un appareil spécial pour inhalateur destiné aux personnes souffrant d'arthrite.

- Certains médicaments contre l'asthme augmentent le rythme cardiaque. Si vous sentez que c'est le cas pour vous, assurez-vous d'en parler à votre médecin.

- Si vous prenez des stéroïdes oraux, il vous faudra passer des bilans de santé pour que votre médecin puisse contrôler tous signes de diabète, d'hypertension, de glaucome, de cataractes et d'ostéoporose.

- Demandez à votre médecin de vous faire vacciner annuellement contre la grippe et aussi contre la pneumonie (ce vaccin peut être administré tous les cinq ans aux adultes de 65 ans et plus).

PENSEZ-Y...

MA LISTE DE CONTRÔLE POUR LES VISITES CHEZ MON MÉDECIN

__ Mentionner à mon médecin tout changement que j'ai observé au niveau des symptômes de mon asthme depuis ma dernière visite.

__ Obtenir des indications écrites sur tous mes médicaments contre l'asthme — à quelle fréquence les prendre et quelle dose.

__ Obtenir des instructions écrites sur les actions à prendre quand mes symptômes d'asthme s'aggravent.

__ Demander au médecin de m'enseigner comment me servir correctement de mon inhalateur et/ou de mon tube d'espacement.

__ Demander comment obtenir un débitmètre de pointe, ainsi que la façon de l'utiliser afin de mieux gérer ma fonction pulmonaire.

__ Apporter mes médicaments et mes lectures de débit de pointe à chaque visite.

__ Mentionner tout nouveau médicament prescrit par un de mes autres médecins depuis ma dernière visite.

__ Informer mon médecin si j'ai dû me rendre à l'urgence depuis ma dernière visite.

Mon ami de l'asthme

Je venais à peine d'avoir 40 ans quand on m'a informée que l'essoufflement dont je souffrais était de l'asthme. Au début, cela ne m'a pas semblé quelque chose de très grave. J'utiliserais mes deux différents inhalateurs et tout irait bien.

Les problèmes ont commencé lorsque mon médecin a convenu que je participerais à sa clinique d'asthme à notre hôpital local. Comme j'entrais dans la salle d'attente, il m'a semblé n'y voir que des personnes de plus de 70 ans.

Je me suis assise là, regardant autour de moi, en me disant que tout le monde paraissait vieux et malade. On entendait de fréquents accès de toux, des respirations sifflantes. C'est alors que j'ai vu mon avenir devant moi et j'en ai été horrifiée. J'ai réalisé que l'asthme devait être pris au sérieux.

Après cette visite, j'ai lu sur les différentes sortes d'asthme et les traitements. J'ai découvert que, heureusement, mon asthme n'était pas trop grave et qu'il s'agissait principalement de le maîtriser avec la médication appropriée.

J'ai assisté à deux autres cliniques et j'ai détesté chacune d'elles. Durant la seconde séance, un des hommes les plus âgés s'est présenté à moi comme étant Ben et il a essayé de bavarder avec moi. Il semblait avoir de la difficulté à respirer et il était difficile de suivre ce qu'il disait. J'avais peu de choses à dire au pauvre Ben ; tout ce que je souhaitais, c'était de ne pas finir comme lui. J'étais toujours la plus jeune personne à ces rencontres et, après ma troisième visite, j'ai dit à mon médecin que je ne participerais pas à d'autres séances.

Au cours des mois suivants, ma médication a été ajustée et tout allait bien. Puis, j'ai attrapé un terrible rhume de cerveau qui a duré deux semaines et a passé de ma tête à ma poitrine. J'ai développé une très mauvaise toux avec une respiration sifflante, ce qui ne m'était jamais vraiment arrivé auparavant, et mon asthme était horrible. Je devais inhaler quatre ou cinq fois pour obtenir une quelconque forme de soulagement.

Je suis restée absente de mon travail, mais un jour où mon mari travaillait à l'extérieur de la ville, me sentant un peu mieux, je me suis rendue en ville pour faire des courses. Je sortais d'une boutique quand j'ai commencé à tousser. Je ne pouvais plus arrêter et ma respiration sifflante était si mauvaise que je me rappelle m'être effondrée sur le trottoir en haletant pour trouver mon souffle, mon inhalateur dans ma main, inutile. J'ai entendu quelqu'un dire: « Appelez une ambulance, elle est en train d'étouffer… »

C'est alors qu'une voix calme a repris: « Non, une ambulance va prendre trop de temps, elle a une crise d'asthme. Aidez-la à se rendre à ma voiture. Je vais la conduire chez un médecin. » Quelqu'un a argumenté et l'homme a répondu: « Je suis asthmatique, ce dont elle a besoin, c'est d'un nébuliseur le plus tôt possible. Le bureau du médecin est tout près. »

Je me souviens d'être montée dans la voiture, essayant toujours de respirer, dans un état de panique. Il m'a conseillée: « Calmez-vous, respirez lentement, laissez votre inhalateur faire son travail. »

J'ai fait comme il m'a recommandé et, en cinq minutes, il m'a conduite au bureau du médecin. Dès notre arrivée, il s'est précipité à l'intérieur et des gens sont sortis pour venir m'aider. On m'a rapidement branchée au nébuliseur; le masque sur mon visage, j'ai recommencé à respirer. Le médecin a expliqué que mon asthme était assez bien maîtrisé, mais que le fait de contracter un très mauvais rhume de poitrine peut toujours être un problème et pourrait requérir des médicaments supplémentaires.

« Vous avez eu de la chance que votre ami soit là, et qu'il ait eu le bon jugement de vous emmener directement au nébuliseur. Ça n'aurait pas été une bonne idée d'attendre l'ambulance », a expliqué le médecin. « Il a dit que vous avez paniqué un peu. L'objectif de la clinique d'asthme était justement de vous aider à faire face à ce genre de situation. »

J'ai hoché la tête. « Je suis désolée, je ne me sentais pas très à l'aise à la clinique. Vous avez dit mon ami — j'étais tellement en détresse, je ne sais pas vraiment qui était le monsieur. »

« Son nom est Ben Patterson. Vous l'avez probablement rencontré à la clinique d'asthme. C'est un merveilleux vieux monsieur. Il est atteint d'asthme sévère, mais il ne laisse jamais son asthme le contrôler; il fait encore de longues marches, et se rend en vacances à l'étranger. Il veut tellement aider les gens qui reçoivent un premier diagnostic et qui pourraient penser que c'est la fin de leur vie telle qu'ils la connaissent. N'était-il pas à la clinique quand vous y étiez? » m'a-t-il demandé. « Oui, je crois qu'il y était », ai-je répondu, ne voulant pas admettre que j'avais repoussé l'aide de cet homme qui m'avait probablement sauvé la vie.

J'ai pleuré quand j'en ai parlé à mon mari un peu plus tard et j'ai dit: « Je dois trouver où il habite et aller le remercier. » « Pourquoi ne le remercies-tu pas en te rendant à la prochaine clinique et en écoutant ce qu'il a à raconter? » a suggéré Éric.

C'est ce que j'ai fait. Je me suis excusée pour la façon dont j'avais réagi la première fois, et je l'ai remercié de m'avoir sauvé la vie. Ben et moi sommes devenus de très bons amis; il avait voyagé partout dans le monde et avait d'innombrables histoires à raconter sur ses aventures. Il était l'une des personnes les plus intéressantes que j'avais jamais rencontrées, et il m'a donné tellement de bons conseils à propos de mon asthme. « Acceptez que vous l'avez, maîtrisez-le et continuez votre vie. Si vous devez faire des ajustements autour de lui, alors faites-les, mais ne le laissez pas avoir la main haute sur ce que vous pouvez ou ne pouvez pas faire. C'est vous qui décidez! »

Quand Ben est décédé, il y a quelques années maintenant, tellement de gens comme moi assistaient à ses funérailles. J'avais rencontré la plupart d'entre eux par l'entremise de Ben, et Éric les appelle affectueusement « mes amis de l'asthme ». Nous parlons encore de Ben aujourd'hui et nous essayons de transmettre aux autres ce que cet homme charmant nous a enseigné.

♥ *Joyce Stark*

VOYAGER AVEC L'ASTHME

Les gens qui souffrent d'asthme et leurs familles adorent le temps des vacances tout autant que n'importe qui d'autre. Mais être atteint d'asthme signifie qu'il faut un peu plus de préparation avant de partir en voyage.

Voici quelques conseils pour avoir des vacances où vous pourrez respirer aisément.

MÉDICAMENTS

- Apportez votre plan d'action contre l'asthme.
- Apportez une liste des médicaments qui inclut le numéro de renouvellement de l'ordonnance, le nom et le numéro de téléphone du médecin qui vous l'a prescrite, et la dose (toute cette information devrait apparaître sur l'étiquette originale du médicament).
- Apportez non seulement la quantité de médicaments que vous croyez avoir besoin, mais aussi une quantité de secours, juste au cas où vous prolongeriez votre séjour ou que vous en auriez besoin de plus, pour une quelconque raison. Rangez vos médicaments dans votre valise à main juste au cas où vos bagages enregistrés se perdraient.
- Si vous avez une trousse d'injection d'urgence d'épinéphrine contre les réactions allergiques, apportez-la avec vous.

ÉQUIPEMENT

- Apportez votre débitmètre de pointe ainsi que le graphique pour noter les résultats.

- Si vous utilisez un nébuliseur, apportez-le. Des nébuliseurs portables qui peuvent être branchés dans l'allume-cigarette d'une voiture sont offerts.
- Si vous voyagez à l'étranger, assurez-vous d'apporter un convertisseur de courant électrique pour le nébuliseur.
- Si votre asthme est déclenché par les acariens, vous aimeriez peut-être apporter votre propre oreiller à l'épreuve des allergies ou un couvre-matelas.
- Si vous êtes seul dans un environnement peu familier, envisagez de porter un collier ou un bracelet de type alerte médicale.

ASSURANCE VOYAGE

- Demandez à votre médecin de vous recommander un spécialiste de l'asthme à votre lieu de destination, ou contactez la société médicale locale à l'endroit où vous prenez vos vacances afin qu'on vous en recommande un.
- Appelez votre compagnie d'assurance voyage pour savoir ce qu'on couvrira du côté médical dans une autre province ou un autre pays, et si votre plan couvrira les visites chez le médecin et les hospitalisations à l'endroit où vous vous rendez.

AUTRES CONSEILS DE VOYAGE

- Demandez une chambre d'hôtel pour non-fumeur.
- Si vous voyagez en voiture, faites fonctionner le chauffage ou le climatiseur en gardant les fenêtres ouvertes pendant au moins dix minutes pour réduire les moisissures et les acariens dans la voiture.
- Si votre asthme est affecté par le pollen ou la pollution, voyagez en laissant les fenêtres de la voiture fermées et le climatiseur en marche.
- Si vous demeurez chez des amis ou de la famille, expliquez-leur ce qui déclenche votre asthme ou celui de votre enfant. Ce n'est peut-être pas une bonne idée de demeurer dans une famille qui héberge des animaux de compagnie, ou avec un fumeur, à moins que cette personne accepte de fumer à l'extérieur durant votre séjour.
- Si vous faites du camping, soyez conscient que l'air froid et les feux de bois peuvent déclencher votre asthme.

PENSEZ-Y...

PLANIFIER MON VOYAGE

Pour mon prochain voyage, j'aimerais voyager à: _

J'aurai besoin de trouver ce qui peut être des déclencheurs potentiels d'asthme à ma destination: ____

Les problèmes qui pourraient survenir en voyageant à cet endroit sont: ____

Les solutions possibles sont: ____

« Avec des changements dans ma médication et la gestion de mon asthme, j'ai pu m'entraîner pour courir un marathon. »

CHRIS T.,
infirmière scolaire

Je respire!

Respirer — comme j'ai souvent tenu cela pour acquis quand j'étais jeune. Certes, j'avais de fréquents rhumes et une respiration sifflante, mais j'ignorais que je souffrais d'asthme. À 44 ans, j'ai eu ma première crise d'asthme qui aurait pu être mortelle. J'ai refusé qu'on me prescrive de la prednisone, car je ne voulais pas gagner du poids. Je ne voulais simplement pas croire que je pouvais mourir. J'ai été ranimée sur le plancher du bureau de mon médecin, avec quatre docteurs inquiets tournant autour de moi. Il a fallu quatre injections de prednisone pour me sauver la vie et trois semaines de doses élevées de prednisone orale. J'ignore ce qui a été le pire, avoir failli mourir ou les longues semaines de rétablissement.

Au cours des 15 dernières années, j'ai découvert à quel point j'étais précieuse, particulièrement pour ma famille. J'ai le bonheur d'être choyée par le dévouement de mes filles alors qu'elles continuent de garder un œil vigilant sur moi quand je suis gravement malade. Elles ont partagé avec moi leurs pensées et leurs rêves, et elles m'ont fait rire et pleurer.

Mon asthme m'a procuré une autre chose très précieuse. Il m'a donné du temps. Du temps — cet ingrédient si rare que le reste du monde semble incapable de trouver. Si seulement il y avait plus d'heures dans une journée, plus de journées dans une semaine, plus de semaines dans une année, alors il y aurait suffisamment de temps. Plus le monde devient pressé, moins il réussit à saisir le temps. Je suis bénie. J'ai beaucoup de temps. Je peux marcher lentement pendant les bons jours et je peux voir tout ce que j'ai manqué quand je ne prenais pas le temps. Je peux écrire les choses qui sont les plus proches et les plus chères à mon cœur.

Le cadeau le plus remarquable que j'ai reçu cependant, c'est une paix intérieure. Je ne traverse plus en vitesse les bons moments de la vie. Je saisis l'occasion de regarder le coucher de soleil éclatant du début à la fin. J'admire la lueur rosée de l'aurore dans les montagnes où je vis, avec une chanson dans le cœur alors que le soleil chasse les vestiges de la nuit. Je suis reconnaissante pour chaque respiration, sachant que mon Créateur tient chacune d'elles dans Sa main. Je vois l'amour dans les yeux de mon mari quand il me regarde, sachant que dans la profondeur de ses yeux verts il n'a jamais regardé une personne aussi charmante.

Il existe de nouveaux traitements contre l'asthme et je dois suivre actuellement un régime plutôt agressif. En 1994, ma pneumologue m'avait promis que d'ici dix ans on lancerait de nouveaux médicaments qui tiendraient presque du miracle. Je ne la croyais pas, pourtant c'est devenu une réalité pour moi. Mes crises d'asthme graves sont maintenant moins fréquentes et moins rapprochées. Dieu merci, elles sont plus courtes et moins sérieuses. Je m'assure de me renseigner continuellement au sujet des derniers traitements disponibles, et je conserve une bonne relation de travail avec mon médecin, basée sur le respect mutuel et la confiance.

À 59 ans, je contrôle mon asthme au lieu que ce soit mon asthme qui me contrôle. L'asthme m'a beaucoup apporté. Il m'a donné force et détermination de sorte que je ne le laisserai jamais conquérir mon esprit. Je suis reconnaissante de chaque nouvelle journée. J'ai la foi. J'ai l'espoir. J'ai l'amour. Je suis précieuse. La vie est magnifique parce que je respire!

♥ *Jaye Lewis*

RESPIRER PLUS FACILEMENT

En suivant toutes les étapes décrites dans ce livre et en travaillant étroitement avec votre médecin, vous devriez être sur la voie de mieux respirer. Vous savez que votre asthme, ou l'asthme de votre enfant, est sous contrôle quand vous pouvez dire:

__ Je ne tousse pas.

__ Je ne suis pas essoufflé ou je ne respire pas rapidement, je ne respire pas en sifflant ou je n'ai pas de serrements de poitrine.

__ Je ne me réveille pas la nuit à cause des symptômes de l'asthme.

__ Je peux m'engager dans des activités normales, incluant les jeux, les sports et l'exercice.

__ Mon enfant n'est pas absent de l'école ou de ses activités à cause de l'asthme.

__ Je ne manque pas du temps de travail à cause de l'asthme.

__ Je n'ai pas fait de crise d'asthme dernièrement qui nécessitait une visite chez le médecin ou au service des urgences.

__ Ma fonction pulmonaire est normale ou près de la normale.

__ J'ai besoin de ma médication pour me soulager moins de deux fois par semaine.

Une chose que j'ai toujours voulu faire, mais que je n'ai jamais faite à cause de l'asthme est: ________

____

____

____

Maintenant que vous avez un plan pour maîtriser votre asthme, vous n'avez plus d'excuses. Maintenant que vous l'avez écrit, il n'en tient qu'à vous de le réaliser. Faites-le avec plaisir!

À propos de…

Jack Canfield, cocréateur de *Bouillon de poulet pour l'âme®*, est l'un des meilleurs spécialistes américains du développement du potentiel humain et de l'efficacité personnelle. Conférencier dynamique et coloré, il est également un conseiller très en demande. Il possède une extraordinaire capacité à informer et à inspirer son auditoire, pour l'amener à améliorer son estime de soi et à maximiser son rendement. Il est l'auteur ou le coauteur de nombreux livres, incluant *Osez gagner, Le pouvoir d'Aladin, 100 Ways to Build Self-Concept in the Classroom, Heart at Work* et *La force du focus*. Son dernier livre est *The Success Principles.*

www.jackcanfield.com

Mark Victor Hansen, cocréateur de *Bouillon de poulet pour l'âme®,* est grandement respecté dans le domaine du potentiel humain. Depuis plus de trente ans, Mark s'est consacré uniquement à aider les gens de tous les horizons à refaçonner leur vision personnelle de ce qui est possible. Ses puissants messages de possibilités, d'occasions et d'action ont suscité de grands changements dans des milliers d'entreprises et chez des millions d'individus à travers le monde. Il est un auteur prolifique qui a écrit de nombreux livres à succès dont *Le millionnaire minute, La force du focus, Le pouvoir d'Aladin* et *Osez gagner.*

www.markvictorhansen.com

Norman H. Edelman, M.D., est vice-président de Health Sciences et professeur de médecine à SUNY Stony Brook University. Il est aussi médecin-chef de l'American Lung Association.

Dr Edelman est membre de l'Association of Physicians, American Society for Clinical Investigation, American Federation for Clinical Research et l'American Thoracic Society. En janvier 1990, il a été nommé membre de la National Commission on Sleep Disorders Research. Il est également membre de l'American College of Physicians et l'American College of Chest Physicians.

Ancien membre des comités de rédaction du *Journal of Applied Physiology* et de l'*American Review of Respiratory Diseases*, Dr Edelman a publié abondamment dans le domaine des maladies pulmonaires et du contrôle de la respiration. En 1990, il a reçu le prix MERIT du National Institutes of Health, National Heart, Lung and Blood Institute. Il est l'auteur du *American Lung Association's Family Guide to Asthma and Allergies.*

Diplômé du Brooklyn College, Dr Edelman a reçu son diplôme de médecine de New York University.

Dr Edelman a été l'invité d'un certain nombre de programmes nationaux de nouvelles, incluant *Good Morning America, CBS Evening News, Dateline NBC* et *MSNBC.* Il a été interviewé par plusieurs importants journaux et agences de presse, incluant *USA Today, Washington Post, Los Angeles Times, Reuters* et l'*Associated Press.*

Celia Slom Vimont est rédactrice spécialisée en santé et en médecine. Elle a obtenu son diplôme de la Columbia School of Journalism et a écrit pour des magazines, des journaux et des agences de presse, tant pour les consommateurs que pour les médecins. Ancienne directrice des services éditoriaux pour l'American Lung Association, Celia a travaillé à l'interne à la publication de livres portant sur l'asthme et la désaccoutumance au tabac pour le compte de cette association et elle continue d'écrire sur différents sujets liés à la santé pulmonaire. Elle est la rédactrice de deux précédents livres dans la série *Vivre en santé* de *Bouillon de poulet pour l'âme: Perte de poids* et *Ménopause*. Celia vit à New York avec son mari et son fils.

Ressources

- Association d'information sur l'allergie et l'asthme
  Tél.: 1-800-611-7011
  www.aaia.ca/french/main_pages/ressources.htm
- Association pulmonaire du Canada
  Tél.: 1-888-566-5864 — www.poumon.ca
- Association pulmonaire du Québec
  Tél.: 1-800-295-8111 — www.pq.poumon.ca
- Asthme au Canada
  www.asthmeaucanada.com
- Asthme (L') au quotidien
  www.asthme-quebec.ca
- CEAM de l'Hôpital du Sacré-Cœur de Montréal
  Hôpital du Sacré-Cœur de Montréal
  5400, boul. Gouin Ouest, Montréal, QC H4J 1C5
  Tél.: (514) 338-3131
  www.crhsc.umontreal.ca/hscm/cea.html
- Réseau canadien pour le traitement de l'asthme
  www.cnac.net
- Réseau québécois de l'asthme et de la M.P.O.C.
  www.rqam.ca
- Société de l'asthme du Canada
  Tél.: 1-800-787-3880 — www.asthma.ca

Autorisations

Nous aimerions remercier les nombreuses personnes et éditeurs qui nous ont permis de reproduire les textes suivants.

Le plus petit cadeau. Reproduit avec l'autorisation de Anne Stopper. ©2005 Anne Stopper.

L'éléphant en colère. Reproduit avec l'autorisation de Susanne Brent. ©2005 Susanne Brent.

Respirer jusqu'à la mort. Reproduit avec l'autorisation de Felice Prager. ©1999 Felice Prager.

Maîtriser l'asthme. Reproduit avec l'autorisation de Emily Bamberger. ©2005 Emily Bamberger.

Une vie dans les coulisses. Reproduit avec l'autorisation de Vicki Armitage. ©2005 Vicki Armitage.

Rêves à la Disney. Reproduit avec l'autorisation de Jessica Berger. ©2005 Jessica Berger.

Le camp de vacances. Reproduit avec l'autorisation de Jessica Rogerson. ©2005 Jessica Rogerson.

Sans limites, même avec l'asthme. Reproduit avec l'autorisation de Shari Davis Gonzales. ©2005 Shari Davis Gonzales.

Telle mère, tel fils. Reproduit avec l'autorisation de Shawn Scott McSwain. ©2005 Shawn Scott McSwain.

Dieu sait ce que je peux supporter. Reproduit avec l'autorisation de Renee Hall-Freeman. ©2005 Renee Hall-Freeman.

L'asthme à seize ans. Reproduit avec l'autorisation de Jessica Lynn Blazier. ©2005 Jessica Lynn Blazier.

Mon ami de l'asthme. Reproduit avec l'autorisation de Joyce Stark. ©2004 Joyce Stark.

Je respire! Reproduit avec l'autorisation de Jaye Lewis. ©2005 Jaye Lewis.

Série VIVRE EN SANTÉ

Cancer du sein

Comprendre votre diagnostic • Collaborer avec votre médecin • Dialoguer avec les amis et la famille • Les options de traitement • De la calvitie aux prothèses mammaires • Guérison émotionnelle • Vaincre les effets secondaires • Thérapies parallèles • Trouver des groupes de soutien • Combattre le cancer du sein

978-2-89092-361-4

Diabète

Risques de diabète • Conséquences sur la santé • Établir des réseaux de soutien • Le meilleur exercice pour vous • Réduire le stress • Gestion de la médication • Thérapies complémentaires • Repas à l'extérieur et rencontres sociales • Maintenir une excellente santé

978-2-89092-378-2

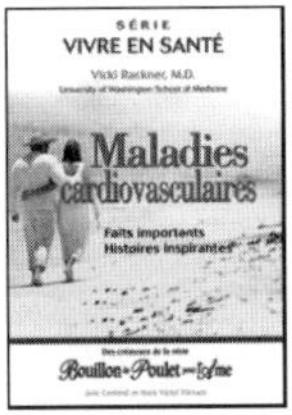

Maladies cardiovasculaires

Comprendre votre diagnostic • Collaborer avec votre médecin • Pression artérielle et cholestérol • Le régime DASH • Exercices appropriés • Traitements parallèles • Chirurgie et autres options • Attitude et santé • Réadaptation cardiaque • Vivre mieux que jamais avec une maladie cardiovasculaire

978-2-89092-362-1

Ménopause

Mythes courants • Faits inconnus • Dialogue avec les amis et la famille • Des sautes d'humeur à la « pause mentale » • Soulagement des symptômes • Mettez du piquant dans votre vie • La vérité sur la thérapie hormonale • Traitements non conventionnels • Prise en charge de votre santé • Le côté positif de la ménopause

978-2-89092-363-8

Perte de poids

Objectifs de perte de poids • La bonne attitude • Trucs de régime • Collations santé • Alimentation émotionnelle • Les fêtes et les affaires de famille • S'exercer intelligemment • Trouver du soutien • Aimez la nouvelle personne que vous êtes

978-2-89092-364-5

Stress

Déclencheurs de stress • Conséquences sur la santé • Surmonter le stress au travail • Manger à cause du stress • Réseaux de soutien • Spiritualité • Exercice • Quand vos êtres chers sont stressés • Le stress chez les enfants et les adolescents • Simplicité • Vos tests de stress personnels

978-2-89092-376-8